Instrumentenkoffer für die Praxisforschung

Eine Einführung

Heinz Moser

LAMBERTUS

Bibliographische Information der Deutschen Nationalbibliothek

Die Deutsche Nationalbibliothek verzeichnet diese Publikation in der Deutschen Nationalbibliographie; detaillierte bibliographische Daten sind im Internet über http://d-nb.ddb.de abrufbar.

Alle Rechte vorbehalten

© 2012 Lambertus-Verlag, Freiburg im Breisgau
5., überarbeitete und ergänzte Auflage
Umschlag: Nathalie Kupfermann, Bollschweil
Layout: Vera Honegger, Pädagogische Hochschule Zürich
Herstellung: Franz X. Stückle, Druck und Verlag, Ettenheim
ISBN 978-3-7841-2073-7

Inhalt

Was praxisorientierte Forschung auszeichnet — 5
Small ist beautiful ... — 5
... und weder naiv noch simpel — 5

Theoretische Grundlagen — 9
1. Vom «Praxiswissen» und vom «wissenschaftlichen Wissen» — 9
2. Die Gütekriterien der Forschung — 16
3. Zur Logik der Forschung — 19
4. Sein und Sollen — 30
5. Klare Begriffe und Kategorien — 33
6. Forschungsansätze und -typen — 37

Die Planung von Forschungsprojekten — 47
1. Fünf allgemeine Prinzipien der Forschungsplanung — 47
2. Die Entwicklung von Forschungsideen — 52
3. Die Erstellung einer Projektskizze — 54
4. Forschung im Spannungsfeld politischer Interessen — 55
5. Die Forschungsrollen — 59

Die zehn gröbsten Fehler von Anfängern und Anfängerinnen ... — 63
... in der quantitativen Forschung — 63
... in der qualitativen Forschung — 65

Die einzelnen Methoden — 67
1. Projektjournal — 70
2. Projekttagebuch — 72
3. Feldnotizen — 74
4. Statistische Kenndaten — 77
5. Portfolio — 80
6. Ton-, Videodokumentation — 81
7. Protokolle/Akten — 82
8. Tagebücher — 83
9. Selbstanalysen — 85
10. Qualitative Interviews — 89

11. Focus-Gruppen	94
12. Schriftliche Befragung	96
13. Die strukturierte Beobachtung	99

Auswertung 105
1. Quantitative Auswertung 106
2. Verteilung und Kennzahlen der deskriptiven Statistik 108
3. Qualitative Auswertung 118
4. Auswertungsverfahren in der qualitativen Forschung 121
5. Die Auswertung von Daten mit dem Computer 131
6. Umfragen mit Online-Tools 139
7. Die Auswertung von visuellem Datenmaterial 142

Nachwort: SMARTe Methoden 150

Literatur 153

Serviceteil 156
1. Frageraster für die Forschungsplanung 156
2. Webangebote zum Buch 157
3. Didaktische Vorschläge für Lehrende 157
4. Auswertung der Evaluation «Römerprojekt» 160

Der Autor 166

Was praxisorientierte Forschung auszeichnet

Small ist beautiful ...

Das Konzept des Instrumentenkoffers nimmt ein Bild auf, das der Medizin entlehnt ist. Wie früher der Hausarzt, so haben die Praxisforscher und Praxisforscherinnen ihren Notfallkoffer, um einfache Forschungsprobleme zu lösen. Es geht in dieser Broschüre also nicht darum, komplexe Forschungsdesigns zu entwerfen und anspruchsvollste statistische Berechnungen (wie z.B. Varianz- und Regressionsanalysen) anzuleiten. Vielmehr bin ich der Ansicht, dass Praxisforscher/innen oft besser mit einem Set von Untersuchungsverfahren zum Ziel kommen, das einfach, flexibel und ohne allzu grossen Aufwand zu handhaben ist. Sie suchen SMARTE Lösungen für ihre Probleme. Was mit diesem Begriff SMART gemeint ist, darauf werden wir im Übrigen am Schluss dieses Buches zurückkommen. Aus dem eben genannten Grund wird hier das Gewicht auf eine beschränkte Anzahl bewährter Methoden gelegt, die mit einem begrenzten Aufwand zu vorzeigbaren Ergebnissen führen, welche von der Praxis wieder aufgenommen werden können. Ziel ist es, mit Hilfe dieser Methoden zu einer «dichten Beschreibung» des zu erforschenden Gegenstandes zu kommen. Dies erlaubt es, verlässliche Schlüsse zu ziehen und diese auf begründete Tatsachen abzustützen.

... und weder naiv noch simpel

Allerdings bedeutet dies nicht, dass damit Seriosität bei der Durchführung von Forschungsaufgaben nicht mehr gefragt wäre. Und gleichermassen darf Einfachheit nicht mit Simplifizierung und unzulässiger Vereinfachung verwechselt werden. Deshalb wird auch in diesem Zusammenhang von den Gütekriterien der Forschung die Rede sein; und es wird ausführlich dargestellt, nach welchen Regeln das Datenmaterial ausgewertet werden kann – bis hin zu einfachen statistischen Auswertungsverfahren und zur computergestützten Interpretation von Texten.

Das Ziel dieser Einführung ist also trotz der genannten Einschränkungen ein anspruchsvolles und notwendiges zugleich. Diese Methoden sollen helfen, Praxis zu objektivieren, um systematische Schlüsse zu ziehen, wie es unter dem Druck des Alltagshandelns oft nicht möglich ist. Praxisforschung hilft damit, einen distanzierten Blick auf die Praxis zu gewinnen und das Handeln zu klären. Gerade wenn Praktiker/innen engagiert in ihren Arbeitsfeldern tätig sind, kann ihnen der Spiegel der Forschung zur distanzierten Reflexion verhelfen: Indem sie Abstand von den Routinen des Alltags gewinnen, können sie sich in ihrem Tätigkeitsfeld wieder neu orientieren. Oder sie können über den distanzierten Blick der Praxisforschung feststellen, dass ihre Theorien, denen sie bewusst zu folgen glauben (ihre «espoused theories»), nicht mit ihrem tatsächlichen Verhalten (ihren «theories-in-use») übereinstimmen.

Aber auch Sozial- und Erziehungswissenschaftler/innen haben sich zu überlegen, wie sie Praxisforschungsprojekte anlegen, welche die angestrebte Wirksamkeit für die Praxis auch einzulösen vermögen. Denn in Praxisfeldern herrscht nicht selten Skepsis gegen die Arroganz einer Wissenschaft, welche – wie es dann heisst – von ihren wirklichen Problemen keine Ahnung habe.

Insbesondere ist es das Anliegen dieses Buches, dass bei aller Unterschiedlichkeit zwischen Praxis- und Wissenschaftssystem über Formen der Praxisforschung Wege gefunden werden können, um das in den beiden Systemen erarbeitete Wissen gegenseitig anschlussfähig zu machen. In diesem Sinne könnte Praxisforschung mithelfen, dass der Graben zwischen Wissenschaft und Praxis sich nicht noch stärker ausweitet, sondern verringert werden könnte. Wer sich für eine umfassende Darstellung der hier nur angedeuteten Auffassung von Praxisforschung interessiert, findet diese in meinem Buch *Grundfragen der Praxisforschung*, Freiburg 1995.

In diesem Zusammenhang möchte ich zuerst mit einigen Beispielen die Spannweite von Praxisforschungsprojekten andeuten.

- Als ein relativ einfaches Ausbildungsprojekt wird weiter unten das «Römerprojekt» erwähnt – eine Projektarbeit im Animationsbereich der heutigen FHS beider Basel. Inhaltlich ging es darum, dass eine Gruppe von Studierenden mit Schüler/innen der Volksschule im Geschichtsunterricht eine projektunterrichtliche Sequenz zum Thema «Römer» durchführte. Die Evaluation am Schluss des Projekts ermöglichte es, aus der Distanz nochmals Stärken und Schwächen des Projektes herauszuheben. Als Beispiel eines ganz einfachen Evaluationsvorgangs steht hier die systematische Auswertung von Briefen, welche die Schülerinnen und Schüler dem Projektteam als Feedback schrieben. Dieses Beispiel wird später ausführlich beschrieben werden (vgl. S. 120ff.). Das hat mit «Wissenschaft» wenig zu tun – ähnlich wie viele Ansätze von Selbstevaluation in sozialen und schulischen Institutionen. Und doch wird hier in einem elementaren Sinn «geforscht» und nach Einsichten und Erkenntnissen für die eigene Praxis gesucht.

7 Was praxisorientierte Forschung auszeichnet

- Komplexer ist das Projekt eines Sozialarbeiters des Allgemeinen Sozialdienstes in Frankfurt angelegt. Dieser interessierte sich für die Sozialpädagogische Lernhilfe, die in Frankfurt als Jugendhilfemassnahme möglich ist. Er selbst hat als Student einen Schüler in diesem Rahmen betreut, und als Sozialarbeiter hat er mehrere solcher Massnahmen begleitet. Im Rahmen eines Ausbildungsprojekts an der Evangelischen Fachhochschule Darmstadt untersucht er nun sozialpädagogische Lernhilfen für marokkanische Schüler/innen. Basierend auf Interviews mit den Beteiligten (Eltern, Lernhelferin, anordnende Stelle) versucht er sich dem Gegenstand über eine systematisch angelegte qualitative Inhaltsanalyse zu nähern und auf diese Weise ein differenziertes Bild von Sinn und Grenzen solcher Massnahmen zu bekommen.

- Eine Studentin im Nachdiplomstudium untersuchte an ihrer Arbeitsstelle die einführenden Lehrgänge von Zivildienstleistenden, welche in einem der grossen sozialen Verbände als Fahrer arbeiteten. Sie begann mit einer Standortbestimmung über eine systematisch angelegte SOFT-Analyse (vgl. zur Methode: S. 87ff.) mit ehemaligen Kursbesucher/innen. Diese sollten die Lehrgangsinhalte bewerten. Dann führte sie auf dem Hintergrund eines Leitfadeninterviews Experteninterviews mit Kursleitern. Parallel dazu wurden die von der Zentrale in Köln ausgewerteten Evaluationsbögen, die jede/r Kursbesucher/in ausfüllen muss und die den örtlichen Organisationen zurückgegeben werden, auf die Fragestellung der Untersuchung hin ausgewertet. Und zum Schluss konnten die ursprünglich befragten Zivildienstleistenden zu den Untersuchungsergebnissen nochmals Stellung nehmen.

- Eine Forschungsgruppe des medien-lab und des Bildungskompetenzzentrums Zürich erhielt den Auftrag, die Einführung des Internets an den Schulen des schweizerischen Kantons Basel-Landschaft zu evaluieren. Als Voruntersuchung wurden die Hard- und Sofware-Ausrüstung sowie die aktuelle Nutzung der Geräte mittels Fragebogen über die Schulhausverantwortlichen für Informatik erhoben. Darauf folgend fand eine repräsentative Befragung von Schüler/innen und Lehrkräften statt – wobei es gleichzeitig auch um die Erhebung von Fähigkeiten im Umgang mit Computern ging. So mussten die beteiligten Schüler/innen online Aufgaben lösen, die Hinweise auf die Medienkompetenz gaben. Gleichzeitig wurde an drei Pilotschulen ein Konzept der Selbstevaluation realisiert. Unter Mitwirkung des Evaluationsteams evaluierten die Lehrkräfte den Entwicklungsprozess am eigenen Schulhaus. Diese Ergebnisse flossen in eine noch etwas weiter gehende externe Evaluation der Pilotschulen ein und führten aus der Perspektive von «fortgeschrittenen» Schulen wiederum zu Empfehlungen für den Gesamtbericht.

- Noch stärker wissenschaftsorientiert ist die Studie einer Forschungsgruppe um Lothar Mikos (2000). Darin sollte kurz nach der ersten Staffel des damaligen Fernsehereignisses «Big Brother» das Geheimnis des Erfolgs dieser Sendung untersucht werden. Angestrebt wird eine Analyse, welche das Verhältnis der Wirklichkeitsebenen von Spiel, Show, Real Live-Soap und sozialer Wirklichkeit untersucht. Dabei kommen verschiedene Verfahren zum Einsatz: eine Inhaltsanalyse der einzelnen Folgen, eine repräsentative Befragung, Gruppendiskussionen und eine Analyse der Presseberichterstattung. Hier ist es klares Ziel, wissenschaftliche Einsichten zu einem (alltags-)kulturellen Phänomen zu erlangen. Und dennoch ist mit dieser Forschung auch das Motiv einer Praxisorientierung mitgesetzt: Die Fernsehkonsumenten sollen Orientierung zu einem Fernsehformat erhalten, das damals stark umstritten war und den Vorwurf des «Menschenexperimentes» hervorgerufen hatte.

Aufgabe
Es ist hier die Anlage ganz unterschiedlicher Projekte skizziert worden:
- Ausbildungsprojekte vs. Projekte mit wissenschaftlichem Anspruch
- Kleinere und grössere Projekte
- Selbstevaluation und externe Untersuchungen
- Auftragsforschung und Forschung aus eigenen Mitteln
- Projekte mit qualitativen und quantitativen Anteilen.

Bitte ordnen Sie die Projekte den eben genannten Dimensionen zu. Überlegen Sie dazu: Welche Ergebnisse der Projekte sind mehr oder weniger nützlich? Wo ist die Vertrauenswürdigkeit der Ergebnisse hoch?

Theoretische Grundlagen

1. Vom «Praxiswissen» und vom «wissenschaftlichen Wissen»

Der Anspruch der dargestellten Beispiele ist ganz unterschiedlich. Im ersten Fall ist er in engen Grenzen gehalten. Jedenfalls geht es hier in keiner Weise um eine wissenschaftliche Auswertung. Eher wäre – wie sehr häufig bei Ausbildungsprojekten – von forschendem Lernen zu sprechen. Sehr pragmatisch und ohne eigentlichen wissenschaftlichen Anspruch sind aber generell sehr viele Evaluationsstudien und Aktionsforschungsprojekte konzipiert – und dennoch bezeichnet man sie landläufig als «Forschung». Gemeinsam ist solchen Aktivitäten ihre Anwendungsbezogenheit und die Orientierung am Kriterium der Brauchbarkeit.

Nehmen wir zum Beispiel die Untersuchung zum Lehrgang für Zivildienstleistende. Hauptergebnis war hier das aufgrund des Datenmaterials sehr deutlich herausgearbeitete Resultat, dass die ganz konkrete Fahrpraxis der Teilnehmer/innen zu kurz kam bzw. dass die Anbindung an die konkreten Tätigkeiten im Zivildienst gegenüber den theoretischen Inhalten zu kurz kam.

Ziel des Forschungsprojekts – auch hier im Rahmen der begrenzten Kapazität eines Ausbildungsprojekts – war der praktische Nutzen, nämlich die Empfehlungen zur Verbesserung der Ausbildung. Dazu kam der Bezug auf einige Überlegungen aus der gegenwärtigen didaktischen Theorie. Spezifisch neue Erkenntnisse auf der Ebene des wissenschaftlichen Diskurses wollte die Arbeit dagegen kaum erbringen. Diese hätten womöglich auch wenig zur weiteren Bearbeitung der Probleme mit den Einführungskursen der Zivildienstleistenden beigetragen.

Als aussenstehende/r Leser/in hätte man bei dieser Arbeit durchaus weitere Möglichkeiten gesehen, diese auf dem Hintergrund des gegenwärtigen didaktischen Diskurses zu diskutieren. Hier hätte man z.B. die Bedeutsamkeit des «Scaffolding» diskutieren können, also einer Form des praktischen Lernens, bei welcher Ausbildnerinnen und Ausbildner die Lernenden durch ein kognitives «Gerüst» unterstützen (vgl. Dubs 1997, S. 29 ff.). Bei Schwierigkeiten werden den Lernenden dabei bestimmte Hilfeleistungen gegeben. Diese sollen mit steigender «Expertenpraxis» der Lernenden allmählich ausgeblendet werden («fading»). Mit anderen Worten: Es wäre möglich gewesen, diese Arbeit stärker auch auf theoretische Diskussionen («cognitive apprenticeship», konstruktivistische Didaktikmodelle) zu beziehen.

Allerdings könnte diese Darstellung der möglichen Annäherung einer sehr praxisorientierten Arbeit an den wissenschaftliche Diskurs auch missverstanden werden. Es geht nicht darum, dass man als Praxisforscher/in langsam eine Treppe hinaufsteigt, bis man zu einer Schwelle mit der Aufschrift kommt: «Hier beginnt die Wissenschaft.» Falsch ist an dieser Vorstellung zweierlei: 1. Der Weg von der Praxis zu der Wissenschaft ist kein kontinuierlicher. 2. Die Wissenschaft ist nicht per se jener Bereich, zu welchem hinaufgestiegen werden muss – also der Referenzbereich für alles, was mit Erkenntnis zusammenhängt.

Wir sind im Gegensatz dazu der Auffassung, dass professionelle Praxis und Wissenschaft gesellschaftliche Systeme darstellen, welche die Gesellschaft aus unterschiedlicher Perspektive beobachten. Dabei knüpfen wir an den Soziologen Niklas Luhmann an, der davon ausgeht, dass sich gesellschaftliche Teilsysteme funktional differenzieren, wobei jedes ein spezifisches Problem bearbeitet und dabei eine Leitunterscheidung trifft, an der sich die Kommunikationen des Systems orientieren.

Kommunikationen können also vom eigenen System nur verstanden werden, wenn sie sich auf die eigene Leitdifferenz beziehen. Diese haben wir mit Bezug auf das Praxissystem als «Brauchbarkeit» bezeichnet. Hier wird also nur verstanden, was für das System und seine Entwicklung brauchbar und nützlich ist. Praktiker/innen brauchen bei ihrer Arbeit viel Know-how – also nützliches Wissen – über die Art und Weise, wie man in der jeweiligen Institution arbeitet und handelt.

Das Wissenschaftssystem dagegen operiert unter dem Modus des Wahrheitsbegriffs. Die unter dieser Voraussetzung formulierten Aussagen beanspruchen, im Sinne von wahren Aussagen einen Erkenntnisgewinn darzustellen. Allerdings herrscht im Wissenschaftssystem kein einheitlicher Wahrheitsbegriff vor. Die Ansichten gehen hier von Aussagen, die mit der Realität übereinstimmen bis zu der These vom «anything goes». Wenn also die Wissenschaft mit dem Wahrheitsbegriff operiert, sagt sie damit nicht aus, dass sie über ihre Methoden und Arbeitsweisen diese Wahrheit (vielleicht auch: Wahrheiten) schon gefunden hat. Vielmehr heisst dies lediglich, dass sie im Modus der Suche von Wahrheit operiert und damit eben jenen Nützlichkeitserwägungen enthoben ist, die im Praxissystem so zentral sind. Im Wissenschaftssystem geht also nicht um ein «Know-how», sondern um ein «Know-what».

Noch eine letzte Bemerkung: Dies bedeutet nicht, dass Wissenschaft nicht indirekt trotzdem gewaltige Konsequenzen für das Alltagleben und die Wahrnehmungsmuster der Menschen haben kann. An den Hochschulen und

Universitäten wurden immer Weltbilder entwickelt oder verworfen, welche direkte Auswirkungen auf das praktische Leben hatten. So wurde erst nach Galileo Galileis Forschungen die Welt zur Kugel, nachdem sie vorher als Scheibe betrachtet worden war. Doch diese Erkenntnis aus den Naturwissenschaften hatte für das anschliessende Zeitalter der Eroberungen ganz direkte praktische Folgen: Denn niemand wäre auf den Gedanken gekommen, die Welt zu umsegeln, solange die Menschen von der Vorstellung ausgingen, bei unserer Erde handle es sich um eine Scheibe. Und wir könnten uns heute auch nicht vorstellen, um den Globus zu fliegen, wenn sich dieser Paradigmenwechsel in der Betrachtung der Erde nicht ergeben hätte.

War das alles etwas kompliziert? Versuchen wir, diese theoretischen Überlegungen in der folgenden Grafik zusammenzufassen:

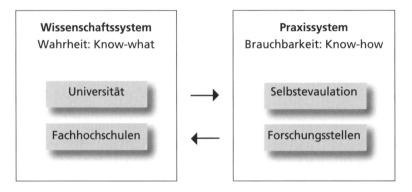

Wie ist diese Grafik zu lesen? Wissenschafts- und Praxissystem sind ein Teil der Gesellschaft, welche diese auf ihre je eigene Weise beobachten – und das heisst: «erforschen». Eine Wissenschaft, welcher es um wahres Wissen geht, hat dabei eine völlig andere Perspektive als die Praxis: Praktiker/innen erhoffen sich für ihre Arbeit durch Resultate der Forschung ein verbessertes Knowhow; Wissenschaftler/innen streben damit neue Erkenntnisse, also ein verbessertes Know-what an.

Die unterschiedliche Orientierung lässt sich anhand der Studie von Mikos (2000) verdeutlichen: Die Big Brother-Forscher/innen wollten in ihrer Forschungsarbeit die neue Form der Real Live Soap theoretisch durchdringen und mit den bestehenden Theorien der Fernsehforschung in Zusammenhang bringen. Würden dagegen die Macher/innen selber ihre Sendung untersuchen lassen (etwa durch Meinungsumfragen), so ginge es wohl eher um Hinweise, wie das Absinken der Quote vermieden werden könnte – also um die Verbesserung des eigenen Know-hows, um die Bedürfnisse des Publikums zu treffen.

Die Forschung der professionellen Praxis

Mit der oben stehenden Grafik wird zudem darauf hingewiesen, dass sich in den Praxissystemen während der letzten Jahre zunehmend eigene Forschungs- und Reflexionsinstanzen ausgebildet haben, welche unter der eigenen Systemperspektive das Handeln ihrer Institutionen analysieren und verbessern wollen:

- Dazu gehören etwa Institutionen im Bereich der Sozialen Arbeit, welche «Forschung» zu ihrem eigenen Aufgabenfeld erklärt haben – wie die Erziehungsberatung des Kantons Bern. So heisst es auf ihrer Homepage: «Mit der Praxisforschung erarbeiten sich Erziehungsberaterinnen und Erziehungsberater ein reflektiertes Verständnis ihrer beruflichen Praxis. Durch Systematisierung versuchen sie, ihre Erkenntnismittel zu verbessern oder selbst zu schaffen, welche sie zum beruflichen Handeln brauchen. Der berufliche Alltag bildet einen entscheidenden Erfahrungshintergrund für einen wesentlichen Teil des beruflichen Erkenntnispotentials. Deshalb sind Erziehungsberaterinnen und -berater prädestiniert, diese Praxis forschend zu erschliessen.»
(http://www.erz.be.ch/erziehungsberatung/d/framesets/fpforsch.html).
Vom Konzept her geht es hier darum, dass die Erziehungsberaterinnen und -berater sich ein reflektiertes Verständnis ihrer beruflichen Praxis erarbeiten. Sie versuchen, durch Systematisierung jene Erkenntnismittel zu verbessern oder selbst zu schaffen, welche sie zum beruflichen Handeln brauchen.
- Ähnlich ist die Schule im Umbruch begriffen, wo immer häufiger Lehrer/-innenteams den Schulalltag bewusst gestalten, Schulentwicklungsprojekte durchführen und diese über Selbstevaluationsprozesse zu optimieren suchen. So heisst es im Rahmen des Projektes Qualitätsentwicklung in Schulen (QES) des Kantons Bern:
«Evaluation im Schulbereich dient dem Ziel, Arbeitsprozesse zu unterstützen und die Qualität schulischer Arbeit zu entwickeln und zu sichern. Evaluation ist niemals eine Sache, die man um ihrer selbst willen tut. Sie muss Folgen für das Lernen in der Schule haben. Deshalb sollte sie immer in längerfristige Entwicklungsprozesse eingebunden werden.
Soll Evaluation einen wichtigen Beitrag zur Qualitätssicherung und Qualitätsentwicklung von Schulen leisten, darf sie nicht in der Beliebigkeit der einzelnen Schule verbleiben, sondern muss zum Regelbestandteil professioneller pädagogischer Arbeit werden.»
(http://www.erz.be.ch/qes/projekte/evalu/)

Neu ist, dass öffentliche Institutionen – in einem Zeitalter, wo sie unter dem Stichwort «New Public Management» immer stärker in Konkurrenzsituatio-

nen geraten – Instanzen einer professionellen Selbstbeobachtung entwickeln. Diese «erforschen» unter den Prämissen ihrer Praxissysteme die Probleme ihrer Systeme und versuchen Massnahmen zu entwickeln, um diese zu optimieren. Ziel und Absicht sind dabei keine Beiträge zum wissenschaftlichen Diskurs, und es ist falsch, diese Forschung mit wissenschaftlicher Forschung zu verwechseln, auch wenn ihre Methoden oft dieselben sind, welche auch Wissenschaftler/innen benützen (Interviews, Fragebogen, Gruppendiskussionen etc.).

Soll diese Forschung professionell erfolgen, wird es notwendig sein, dass die jeweiligen Institutionen Verantwortliche bezeichnen, welche sich dafür besonders qualifiziert haben (z.B. im Rahmen von Nachdiplomstudien). Oder sie schaffen eigene Forschungsstellen, die solche Aktivitäten professionell anleiten. Nur so ist es möglich, die Qualität von Aktivitäten wie Selbstevaluation der Mitarbeiter/innen oder die Anlage von internen Recherchen zu sichern. Solche Forschungsstellen hätten damit u.a. folgende Aufgaben zu übernehmen:

- die Ausarbeitung einer Konzeption der systematisierten Forschungs- und Reflexionskultur;
- die Durchführung eigener Forschungs- und Evaluationsprojekte;
- die Anleitung und Beratung von Selbstevaluationsprozessen;
- die methodische Unterstützung bei der Konzeption und Auswertung von Projekten.

Die Anschlüsse zwischen Wissenschaft und Praxis
Bedeutet die eben geschilderte Tendenz, dass die Praxis sich vom Zusammenhang mit den Sozialwissenschaften abzukoppeln beginnt und eine eigene Forschung entgegensetzt? Dies erscheint schon aus dem Grund problematisch, dass Wissenschaft und Praxis sich in Wirklichkeit nicht wie zwei fremde und geschlossene Welten gegenüberstehen. Denn sie beziehen sich auf dieselbe Welt und die darin lebenden Menschen. Nur die «Scheinwerfer», mit denen sie diese Welt beleuchten, sind unterschiedlich.

So gibt es durchaus Anschlüsse zwischen diesen beiden Systemen, und diese sind für beide Seiten wichtig: Eine Wissenschaft, welche Aspekte der Praxis – z.B. der Schule – untersucht, kann durch ihren fremden Blick auf Aspekte und Fragestellungen hinweisen, die aus der Innenperspektive nie ersichtlich wurden. So mussten internationale Studien wie PISA kommen, um dem Schulsystem der Schweiz und Deutschlands aufzuzeigen, dass nicht alles so golden glänzt, wie manche Bildungspolitiker/innen dachten. Dabei liegt allerdings die Relevanz von theoretischen Studien nicht immer so klar auf der Hand wie bei PISA. Und auch dort stellt sich für Schulpraktiker/innen die Frage, was denn aus einer solchen Studie für das konkrete Handeln im Alltag folgt. Gerade wenn es die Absicht eines wissenschaftlichen Forschungsprojektes ist, in irgendeiner Form die Praxis zu beeinflussen, wird es besonders wichtig sein, die Ergebnisse in die Sprache des Praxissystems zu übertragen und dort Anschlüsse für praktisches Handeln zu suchen.

Das gilt übrigens genauso für die Projekte im Praxissystem. Evaluationen wie diejenige mit den Zivildienstleistenden können durchaus theoretisch ausgewertet werden und auf theoretische Anschlüsse überprüft werden. Wenn es qualitativ hochstehenden Arbeiten aus diesem Bereich gelingt, ihre Relevanz für den wissenschaftlichen Diskurs zu belegen, können sie dort durchaus als Bausteine zur Theorieentwicklung Eingang finden.

Konsequenzen für die Forschungspraxis
Zusammenfassend bedeutet dies, dass Praxisforschung auf beiden Seiten stattfindet:
- **Durch Wissenschaftler/innen, die sich mit ihrer Arbeit auf Probleme des Praxisfeldes einlassen (wenn das auch aus der Perspektive des Wissenschaftssystems erfolgt). Hier ist es wichtig, dass die Übersetzung in die Sprache des Praxissystems gelingt.**
- **Durch eine professionelle Praxis, welche das eigene Praxisfeld erforscht und nach Erkenntnissen und Problemlösungen in diesem Feld sucht.**

Doch oft ist es schwierig, zwei Fliegen mit einem Schlag zu treffen und ein Projekt gleichzeitig anschlussfähig für Wissenschaft und Praxis zu halten. Denn Forscher/innen an Universitäten müssen sich mit ihrer Arbeit über die (wissenschaftlichen) Massstäbe ihrer eigenen Institution rechtfertigen, und die im Feld selbst betriebene Praxisforschung wird in erster Linie an der Nützlichkeit ihrer Ergebnisse für die Praxis gemessen. Dennoch hängt die Qualität von Praxisforschungsprojekten entscheidend davon ab, dass sie Anschlüsse aus ihrem System heraus sucht:
- Eine dürre und mit Fremdwörtern gespickte wissenschaftliche Studie (z.B. eine Diplomarbeit oder Dissertation) tut gut daran – wenn sie sich als Pra-

xisforschung versteht –, Überlegungen miteinzubeziehen, welche Bedeutung sie für die Praxis haben kann bzw. wie die Ergebnisse in die Sprache des Praxissystems zu übersetzen sind. Dabei kann es nützlich sein, die Resultate einer solchen Studie sehr früh mit Personen aus dem Praxisfeld zu diskutieren und die möglichen Konsequenzen zusammen mit ihnen zu erarbeiten.

Ein Beispiel dazu ist die Evaluation einer Diplommittelschule, die wir vor einigen Jahren im Kanton Basel-Land durchführten. Der Forschungsbericht enthielt viele Überlegungen aus der Fachdebatte über Schulentwicklung. Dennoch war es wichtig, den Forschungsbericht so abzufassen, dass daraus ersichtlich wurde, welche Empfehlungen und Massnahmen die externen Evaluator/innen im vorliegenden Fall für notwendig hielten.

- Anschlüsse an die wissenschaftliche Seite sind aber auch für jene Forschung wichtig, die in der Praxis selbst geschieht. Die Auseinandersetzung mit der Fachliteratur zu einer bestimmten Fragestellung verhindert, dass man glaubt, man habe ein einzigartiges Problem, mit dem man ganz allein auf der Welt steht. Zudem vermittelt die Beschäftigung mit theoretischen Aspekten auch eine gewisse Distanz zum Alltag und kann oft verhindern, dass man in seinen Forschungsbemühungen nur die eigenen Vorurteile zementiert. Prinzipiell scheint es mir deshalb notwendig, so weit als möglich wissenschaftsgestützt zu arbeiten und z.B. die weiter unten genannten Gütekriterien möglichst gut zu erfüllen.

Schon in Ausbildungsprojekten oder in der Selbstevaluation ist es wichtig, nicht einfach mit der Erstellung eines Fragebogens zu beginnen, sondern Fachliteratur beizuziehen, um genauere Fragestellungen zu entwickeln. So berücksichtigte etwa die Studierende, welche den Lehrgang für Zivildienstleistende evaluierte:
– didaktische Überlegungen zur Gestaltung von Kursen in der Erwachsenenbildung,
– die Ergebnisse der internen Evaluationen der Gesamtorganisation.

Allerdings blieb die praktische Perspektive der Evaluation im Mittelpunkt, und es bestand kein Anspruch, die Resultate zum Schluss in einer eigenen wissenschaftlichen Arbeit auszuwerten.

Prinzipiell ist dies auch für Projekte, die in der Praxis durchgeführt werden, möglich, vor allem dort, wo eine professionalisierte Praxis über eigene Forschungsstellen verfügt. Jedenfalls wäre es zu wünschen, dass sich Arbeiten der Praxisforschung vermehrt im Diskurs der Wissenschaften zur Sprache bringen und dort wahrgenommen werden. Denn sie beinhalten einen Schatz von Authentizität und Erfahrungen, der die wissenschaftliche Theoriebildung befruchten könnte.

Weiterführende Überlegungen: In meinem Buch «Grundlagen der Praxisforschung» (Moser 1995) finden Sie Ausführungen zum Zusammenhang von Wissenschafts- und Praxissystem, welche die hier skizzierten Probleme weiter vertiefen (S. 72–75). Wie schätzen Sie die Situation in Ihrem Fachgebiet ein? Wie wird der Nutzen von theoretischen Konstrukten von der Praxis beurteilt? Gibt es in der zugeordneten Praxis bereits ein professionalisiertes System der eigenen Forschungs- und Praxisreflexion (Selbstevaluation, Forschungsstellen)?

2. Die Gütekriterien der Forschung

Warum soll man aber überhaupt eine Praxisforschung betreiben? Genügt nicht bereits ein ernsthaft betriebenes professionelles Handeln den Anforderungen des Berufsalltags? Vergleicht man Alltagshandeln mit jenem Handeln, das forschungsgestützt ist, so zeichnet sich das Letztere in vier Hinsichten aus (siehe Tabelle unten).

Nun soll damit keineswegs gefordert werden, dass alles Handeln forschungsgestützt sein muss. Dort, wo dies aber sinnvoll ist, wäre davon auszugehen, dass die oben stehenden Kriterien erfüllt sind. Das gilt im Übrigen für wissenschaftliche Untersuchungen ebenso wie für Arbeiten, die stärker im Praxissystem verankert sind und sich nicht an den wissenschaftlichen Fachdiskussionen ausrichten. Auch dort will man über Forschung ein Stück weit Reflexionsarbeit verrichten.

Alltägliches Handeln	Forschungsgestütztes Handeln
1. Es ist naiv und erfolgt oft aufgrund von Routinen und Konventionen.	Das Handeln ist reflektiert und begründet.
2. Alltagshandeln beruht auf dem Fundament von Erfahrungen, die sich als gangbar erwiesen haben.	Es stützt sich zusätzlich auf Forschungserfahrungen, wie sie im Fachwissen einer Disziplin niedergelegt sind.
3. Es ist unsicher und beruht auf Zufällen und Überraschungen.	Das Handeln ist «informierter» im Sinne einer verbesserten Planbarkeit bzw. einer erhöhten Wahrscheinlichkeit der Folgenabschätzung.
4. Alltagshandeln erfolgt spontan und ungeplant.	Es ist systematisch geplant und evaluiert.

Qualitätskriterien für das Forschen

Um dies zu gewährleisten, ist es notwendig, dass die Qualität von Forschungsarbeiten beurteilt werden kann. Denn nur von vertrauenswürdiger Forschung kann erwartet werden, dass sie das praktische Handeln wirkungsvoll zu unterstützen vermag.

Es wäre etwa zu fragen: Wird die Realität «angemessen» wiedergegeben? Ist es die «richtige» Methode für das angestrebte Ziel? Kann man sich ein Bild davon machen, wie die Forschenden bei ihrer Arbeit vorgegangen sind? Solche Fragen sind es, die im Folgenden als «Gütekriterien» der Forschung formuliert werden. Von einer qualitativ hochstehenden Arbeit muss – vor allem, wenn sie wissenschaftlichen Ansprüchen genügen will – verlangt werden, dass sie alle der vier nachfolgenden Gütekriterien in hohem Mass erfüllt. Dennoch können auch Arbeiten, denen es nicht gelingt, auf allen diesen Dimensionen hoch zu gewichten, für bestimmte Ziele und Zwecke genügen und fruchtbar sein. Eine Evaluation wie diejenige des Römerprojekts bringt zwar kaum wissenschaftliche Abschlüsse, sie hat aber für die in der Ausbildung stehenden Studierenden dennoch einen hohen persönlichen Erkenntniswert. Ähnlich sind oft die Auftraggeber/innen von Konzept- und Evaluationsstudien mehr an brauchbaren und in nützlicher Frist erarbeiteten Ergebnissen interessiert als an einer wissenschaftlichen Höchstleistung.

Immerhin sollte man in jedem Fall versuchen, im Rahmen der genannten Gütekriterien einen möglichst hohen Standard zu erreichen. Denn Forschungsarbeiten, die mehrere der nachfolgenden Gütekriterien schlecht erfüllen, sind generell wenig vertrauenswürdig. So wäre auch von Arbeiten ohne explizit wissenschaftlichen Anspruch mindestens zu verlangen, dass man sich bewusst ist, wo man Abstriche macht (bzw. machen muss oder will). So ist es etwa aus Zeitgründen nicht immer möglich, im Rahmen des vierten Gütekriteriums die Fachliteratur ausführlich zu studieren, oder man kann im Rahmen des Stimmigkeitskriteriums keine Langzeitbeobachtung durchführen, obwohl es von der Forschungsfrage her sinnvoll wäre. Denn im Rahmen des zeitlichen Budgets einer Diplomarbeit muss diese fix und fertig sein, wenn man eigentlich noch in der Beobachtungsphase wäre ...

Die vier Gütekriterien für die Praxisforschung

Die im Folgenden dargestellten Gütekriterien der Praxisforschung sind allerdings nicht dieselben, welche die quantitative Forschung für sich in Anspruch nimmt. Denn sowohl zur Beurteilung qualitativer Forschung wie der Praxisforschung sind diese klassischen Kriterien wenig geeignet. So halten Katja Mruck und Günter Mey im «Forum Qualitative Sozialforschung» fest: Besonders unangemessen sei unter einer qualitativen Perspektive der Anspruch auf Objektivität, weil die Subjektivität der Forschenden nicht als Störvariable eliminiert, sondern für den Verständigungs- und Verstehensprozess genutzt werden soll (vgl. Katja Mruck, Günter Mey, Qualitative Sozialforschung in Deutschland, in Forum Qualitative Sozialforschung 1, 2000, Online auf: http://qualitative-research.net/fqs-texte/1-00/1-00mruckmey-d.htm). Aber auch das Gütekriterium der Reliabilität, wonach aufeinander folgende Messungen zum gleichen Resultat führen müssten, ist dort unangemessen, wo sich Lebenswirklichkeiten durch die Intervention der Forscher/innen verändern. Zudem ist zu berücksichtigen, dass sich der Gegenstand bereits durch den Eingriff der Forschenden bzw. durch die Messung verändert.

In Auseinandersetzung mit den klassischen Gütekriterien haben wir deshalb für die Belange der Praxisforschung folgende Kriterien entwickelt:

1. Transparenz
Forschende müssen mit offenen Karten arbeiten und so weit über ihre Ziele und Methoden informieren, dass Leser/innen eines Forschungsberichts die Möglichkeit haben, die Arbeit in ihren Stärken und Schwächen zu beurteilen.

Es ist nur dann möglich, ein Forschungsprojekt zu beurteilen, wenn ich als Leser bzw. Leserin umfassend über den Verlauf informiert bin. Bei quantitativer Forschung sollte ich zum Beispiel die Auswertungen nachrechnen können. Und wenn Tiefeninterviews gemacht wurden, sollte der Rohtext als Anhang abgedruckt sein; mindestens sollte er grundsätzlich bei den Autor/innen angefordert werden können. Jedenfalls zeugt die weitverbreitete Praktik von wenig Transparenz, nur die ins Konzept passenden Aussagen im Text zu zitieren und den Rest wegzulassen.

Transparenz bedeutet zudem, dass die Forscher/innen im Forschungsbericht detailliert erläutern, wie sie methodisch vorgegangen sind, welche Entscheidungen sie trafen und welche einzelnen Auswertungsschritte vorgenommen wurden.

2. Stimmigkeit
Ziele und Methoden des Forschungsprozesses müssen miteinander vereinbar sein. Die Methoden, die ich wähle, sollten zum Forschungsziel passen.

Wir wollen zum Beispiel den Erziehungsstil von Lehrpersonen untersuchen und führen dazu Interviews durch. Es ist offensichtlich, dass hier die Stimmigkeit zum Problem werden kann, da wahrscheinlich einem solchen Forschungsvorhaben die Methode der direkten Beobachtung des Lehrer/innenverhaltens besser entsprechen würde. Wo aber die Methode dem Forschungsziel nicht entspricht, sind die Forschungsergebnisse kaum sehr vertrauenswürdig.

3. Adäquatheit
Grundfrage: Sind die Forschungsresultate dem Gegenstand angemessen, um den es geht?

In einem Fragebogen soll das politische Interesse abgefragt werden. Dabei wird gefragt, ob man bei der nächsten Wahl an die Urne gehen werde. Es ist allerdings in Zweifel zu ziehen, ob die Tatsache des Urnengangs dem Gegenstand «politisches Interesse» adäquat ist. Denn sie stellt höchstens einen Teilaspekt davon dar. Ganz abgesehen davon ist es nicht einmal ausgemacht, ob die Befragten wirklich an die Urne gehen werden, oder ob sie mit ihrer Antwort nur den an sie gerichteten Erwartung der Forschenden entsprechen. Wie das Beispiel zeigt, müssten die Forschungsresultate den Gegenstand «treffen», um den es geht. Wenn dies jedoch nicht der Fall ist, dann fehlt den sich darauf stützenden Deutungsmustern die Basis.

4. Anschlussfähigkeit
Die Resultate sollen mit dem Fachwissen bzw. dem wissenschaftlichen Wissen des untersuchten Gebietes verknüpft sein und darin eine neue Erkenntnis darstellen.

Zu einer Forschungsarbeit gehört der Bezug auf die fachliche Diskussion wesentlich dazu. D.h. es ist notwendig, sich über die Theorien und Konzepte kundig zu machen, die im Forschungsgebiet vertreten werden, und es sollte schon bei der Erarbeitung der Fragestellung aufgezeigt werden, wie die eigene Arbeit damit verknüpft ist.

Tipp: Wenn man die Qualität fremder Forschungsarbeit bestimmen will, kann es hilfreich sein, sich anhand der Lektüre ein Qualitätsprofil zu erarbeiten. Dabei wird für jedes der vier Gütekriterien gefragt, wie gut es dieses erfüllt (z.B. mit der Einschätzungsskala: sehr gut / gut / befriedigend / unbefriedigend / schlecht / sehr schlecht).

3. Zur Logik der Forschung

Ist es das Ziel von Wissenschaft und Forschung, Aussagen zu erarbeiten, die über eine bestimmte vorgegebene Situation hinaus gültig sind, so kann dies unterschiedlich interpretiert werden. Insbesondere sind zwei grundsätzlich verschiedene Ansätze zu unterscheiden, wie man empirische Forschung betreiben kann:
- **Stärker quantitativ ausgerichtet oder wie es in der Sprache der klassischen empirischen Forschung heisst: Es geht darum, allgemeine Aussagen und Hypothesen im wissenschaftlichen Prozess zu überprüfen.**
- **Mehr auf qualitative Daten bezogen, die ihre Stärke nicht allein durch**

Messen und Auszählen erlangen, sondern dadurch, dass sie etwas Typisches aussagen bzw. den Sinn eines Ereignisses beschreiben (vgl. Mayring 2002, S. 9 ff.).

Qualitative und quantitative Forschung

Nehmen wir an, wir wollen die Geschlechterproblematik von Jungen und Mädchen im Umgang mit Computern erforschen. Quantitativ könnten wir aufgrund unserer Vermutungen und Hypothesen eine Stichprobe von Kindern mit einem Fragebogen untersuchen, der ihr Nutzungsverhalten erhebt. Wir könnten daraus ablesen, ob Jungen oder Mädchen häufiger am Computer arbeiten, welches ihre bevorzugten Tätigkeiten sind (Spiele, Textverarbeitung, Internet-Surfen, Mailen etc.), ob es bei bestimmten Programmen ein geschlechtsspezifisches Verhalten gibt etc. Dank den statistischen Regeln, die wir in unserer Untersuchung anwenden, können wir davon ausgehen, dass die Resultate repräsentativ und gültig für das gesamte Land sind.

Demgegenüber wählt ein qualitativer Forscher 10 Mädchen und 10 Jungen aus, mit denen er anhand eines Leitfaden ausführliche Gespräche führt, die auf Tonband aufgenommen und verschriftlicht werden. Sein Ziel ist es, anhand der Aussagen festzustellen, welche Bedeutung der Computer im Leben der jeweiligen Kinder hat (welchen «Sinn» sie mit dieser Beschäftigung verbinden). Gleichzeitig versucht er, Unterschiede in den Aussagen der Mädchen und Jungen festzustellen, um so gendertypische Aspekte im Umgang mit dem Computer festzuhalten. Während quantitative Forschung eher Hypothesen überprüft, geht es in qualitativen Studien stärker darum, triftige Theorien und Deutungen zu entwickeln:

Qualitative und quantitative Forschung haben nicht nur unterschiedliche Ziele; auch die Logik, auf der ihre Schlussfolgerungen beruhen, ist unterschiedlich aufgebaut. So verläuft die Logik der quantitativen (empirisch-analytischen) Forschung nach den Regeln der Deduktion – also der Ableitung des zu erklärenden Sachverhaltes aus generellen Sätzen (Prämissen) und Randbedingungen (vgl. Lamnek 2005, S. 247 f.).

Im Unterschied dazu geht es bei qualitativen Forschungen um so genannte «Abduktionen», also um Schlüsse, die zu einer gegebenen Beobachtung mögliche allgemeine Gesetzmässigkeiten suchen, die diese Beobachtung erklären könnten (Internet-Lexikon der Methoden der empirischen Sozialforschung: http://www.lrz-muenchen.de/~wlm/ilm_a1.htm): Abduktion sucht also die beste Erklärung für eine Beobachtung. Im Folgenden sollen diese unterschiedlichen Verfahren in ihrem Ablauf an einem konkreten Beispiel verdeutlicht werden.

Der deduktive Schluss in der empirisch-analytischen Forschung
Nehmen wir an, dass wir eine Hypothese untersuchen wollen, die lautet, «alle Jugendlichen aus Erziehungsheimen werden mit grösserer Wahrscheinlichkeit straffällig», dann können wir dies wie folgt formulieren:
Hypothese: Jugendliche aus Erziehungsheimen werden mit grösserer Wahrscheinlichkeit straffällig.
Fall (Randbedingung): X ist ein Jugendlicher aus einem Erziehungsheim.
Schluss: X wird mit grösserer Wahrscheinlichkeit straffällig.

Ziel der Forschung ist es nun, diese Hypothese zu widerlegen, also Jugendliche zu finden, die eben nicht «mit grösserer Wahrscheinlichkeit» straffällig werden. Gelingt uns dies trotz aller Anstrengung nicht, so können wir formulieren, dass unsere Theorie sich vorläufig bestätigt habe.

Ein solches Schlussverfahren ist aus mehreren Gründen nicht unproblematisch:
- Es handelt sich bei den Regeln und Theorien der Sozialwissenschaften fast ausschliesslich um Wahrscheinlichkeitsaussagen. Hierzu müssen wir aber erst einmal festlegen, wann in unserem Beispiel der Fall der «grösseren Wahrscheinlichkeit» eintritt.
- Forschende möchten meist in ihren Projekten eine Theorie bestätigen. Doch das methodische Verfahren verlangt von ihnen die Widerlegung (Falsifikation) als Ziel ihrer Anstrengungen. So sind Forschende manchmal sehr schnell bereit, Ausnahmen oder zusätzliche Hypothesen geltend zu machen, um ihre Theorie weiterhin unangetastet bleiben zu lassen.
- Es ist sehr oft ausserordentlich schwierig, die wesentlichen Einflüsse («Variablen»), die auf das Forschungsfeld einwirken, zu kontrollieren.

Dieser letzte Punkt wird an einem Beispiel deutlich, das Jürgen Abel u.a. in ihrer «Einführung in die empirische Pädagogik» skizzieren: «Von einem Mathematikinstitut ist ein neues Verfahren zum Geometrielernen entwickelt worden. Dieses wird durch eine experimentelle Untersuchung überprüft, für die zehn Klassen ausgewählt sind. In fünf Klassen wird das neue Verfahren erprobt, in den anderen fünf wird der bisherige Unterricht erteilt. Die unabhängige Variable (Treatmentvariable) hat hier die Ausprägung ‹neues Verfahren angewendet› und ‹herkömmlicher Unterricht›. Es wird also vorher festgelegt werden, in welchen Klassen das neue Verfahren (Experimentalklassen) erprobt wird und welche Klasse als Kontrollgruppe gilt.» (Abel u.a. 1998, S. 37). In ihrem Kommentar weisen die Autoren dann auf die Schwierigkeit hin, aus einer solchen Untersuchung klare Schlüsse zu ziehen: Der Lernzuwachs der Experimentalklassen sei nämlich nicht eindeutig dem neuen Verfahren zuzuschreiben, er könne beispielsweise auch auf die Lernvoraussetzungen in den verschiedenen Klassen zurückgeführt werden.

Das Verfahren der Abduktion in der qualitativen Forschung
Auch in der qualitativen Forschung gilt ein Kriterium der Verallgemeinerung. Man erstrebt ein Ergebnis, das über den einzelnen Fall hinausführt – eine allgemeine Aussage, etwas Exemplarisches, Typisches:

Es werden narrative Interviews mit fünf straffälligen Jugendlichen geführt. Ziel ist es, typische Beziehungskonstellationen zu beschreiben und theoretisch fassbar zu machen, welche auf dem Weg in die Straffälligkeit durchlebt wurden. Der Forscher bzw. die Forscherin ähnelt hier einem Detektiv, der Spuren nachgeht, diese miteinander vergleicht und einzelne Bausteine eines Puzzles in die richtige Reihenfolge zu bringen versucht. Er steht vor einem «Rätsel», das gelöst werden muss. Wie der Detektiv des Kriminalromans geht er verschiedenen Fährten nach, landet in Sackgassen, muss im Verlauf des Prozesses immer wieder neue Informationen sammeln – um am Schluss die Lösung des Falles zu finden.

Logisch wird dieses Verfahren als Abduktion bezeichnet (vgl. dazu Moser 1996). Der abduktive Schluss sucht dabei zu einer gegebenen Beobachtung eine mögliche allgemeine Gesetzmässigkeit bzw. eine «denkbare Erklärung», die für diese Beobachtung in Frage kommt.

Beobachtung: Dieser Jugendliche ist straffällig.

Mögliche Erklärung: Jugendliche aus Erziehungsheimen werden mit grösserer Wahrscheinlichkeit straffällig.

Fall: Dieser Jugendliche fällt möglicherweise unter die Bedingungen der Theorie.

Im Rahmen dieses Verfahrens geht es nicht mehr um ein blosses logisches Schliessen. Wir müssen unser Wissen über Erziehungsheime, Straffälligkeit, Sozialisation von Jugendlichen mit unserem Fall in Beziehung setzen. In der Rekonstruktion der Interviews mit den Jugendlichen suchen wir zu ergründen, ob wir den Zusammenhang zu Recht behaupten dürfen: Gibt es in den Interviews empirische Belege und Argumente, welche die These unterstützen, dass die Wahrscheinlichkeit bei Jugendlichen aus Erziehungsheimen besonders gross ist, straffällig zu werden? Wir versuchen aber dabei nicht nur unsere Theorie zu bestätigen, sondern wir bauen sie weiter aus und verändern sie, wenn das Puzzleteil nicht «passt». Mit anderen Worten: Qualitative Forschung ist oft mehr auf Theorieentwicklung bezogen wie auf Theorieüberprüfung.

Dabei bleibt aber auch immer ein Rest an Unsicherheit. Abduktionen sind meist kaum eindeutig abzusichern. Das wird etwa am folgenden Beispiel von Volker Peckhaus deutlich: «Wir nehmen an, dass fossile Meeresfische mitten im Binnenland gefunden wurden. Dieses Phänomen kann erklärt werden, wenn angenommen wird, dass die Fundstelle einst vom Meer umspült war. Dieser abduktiv gewonnene Schluss entspricht der paläontologischen Forschungstradition, und dennoch gilt er nicht mit Notwendigkeit.» http://www.uni-paderborn.de/fakultaeten/kw/institute-einrichtungen/institut-fuer-humanwissenschaften/philosophie/personal/peckhaus/texte-zum-download/abduktion-und-heuristik/

Bei der Frage nach Abduktion und Deduktion handelt es sich nicht allein um eine Frage der Forschungslogik. Vielmehr kommt hier auch die Frage ins Spiel, welche Rolle die Forschenden im Forschungsprozess einnehmen bzw. in welcher erkenntnistheoretischen Position sie zu ihrem Gegenstand stehen.

- **Der klassisch empirisch-analytische Forscher gleicht einem Experimentator, der ausserhalb der Welt steht, die er erforscht. Er verfügt über sie und versucht sie experimentell zu variieren – um daraus seine Schlüsse zu ziehen. Dabei muss er indessen die Komplexität dieser Realität reduzieren, um ein künstliches Modell zu simulieren, mit dem er arbeitet.**
- **Der Forscher, der sich auf das abduktive Verfahren stützt, ist dagegen in die Welt, die er erforscht, von Anfang an verstrickt – ähnlich wie das private eye des amerikanischen Detektivromans. Dieser Detektiv kann sich nicht auf eine herausgehobene Perspektive stützen, die seinem Urteil zum vornherein Objektivität verschaffte.**

Die zweite Position scheint mir geeignet, um die Position der Praxisforscher/-innen zu beschreiben. Ob sie Wissenschaftler/innen oder Professionelle aus dem Praxisfeld sind, so sind sie immer auch ein Teil jener Praxis, die sie untersuchen bzw. sie kommen durch ihren Forschungsauftrag in engen Kontakt mit ihr. Ihr Ziel muss es sein, eine möglichst dichte Beschreibung des Forschungsgegenstandes zu erhalten, um damit zu möglichst gut abgestützten abduktiven Schlüssen zu kommen.

Die dichte Beschreibung des Forschungsgegenstands

Der Begriff der «dichten Beschreibung» (thick description) geht dabei auf den amerikanischen Ethnographen Clifford Geertz (1973) zurück. Norman Denzin hat im Anschluss an dessen Arbeiten das dabei leitende Prinzip formuliert:

«Eine dichte Beschreibung bedeutet mehr, als aufzuzeichnen, was eine Person gerade tut. Sie geht über die bloss faktische Oberflächenerscheinung hinaus. Sie präsentiert Details, Kontext, Emotionen und das Netz von sozialen Beziehungen, welche eine Person mit den anderen verbinden. Dichte Beschreibungen evozieren Emotionalität und Selbst-Gefühle. Sie fügen die Geschichte in die Erfahrungen ein.» (Denzin 1989, S. 83).

Es ist also notwendig, ein reiches und vielfältiges Datenmaterial zu sammeln, wenn eine differenzierte Theorieentwicklung möglich sein soll. Durch die Beobachtungen der Forschenden entsteht so ein ganzes Geflecht von Bedeutungen und Beziehungen, welche den jeweiligen Forschungsgegenstand «überziehen». Je dichter dieses Netz geknüpft ist, desto besser abgestützt werden auch die darauf folgenden Schlüsse sein.

Ein Bericht des amerikanischen General Accounting Office zu fallstudienbezogenen Evaluationen gibt zur Erläuterung des Prinzips der dichten Beschreibung ein illustratives Beispiel. Um die damit verbundenen methodischen Überlegungen zu illustrieren, schreiben die Autoren, «können wir die Konklusion ‹der Tag war heiss› auf Daten abstützen, die sich auf ein Instrument beziehen, mit welchem die Raumtemperatur (numerisch und objektiv) gemessen wird, auf einen Bericht über die Lufttemperatur draussen, wie sie durch einen Beobachter beschrieben wird, der ein Thermometer abliest (numerisch und relativ nicht-subjektiv), auf eine empirische Befragung, in welcher wir die Leute fragen, wie heiss sie sich fühlen (nicht-numerisch und subjektiv), und auf eine dichte Beschreibung, welche Kleider die Leute tragen, wie stark sie schwitzten oder fröstelten, ob sie den Hitzeregler der Klimaanlage öffneten und wieviel Energie sie zu haben schienen, um zu arbeiten (nicht-numerisch und beurteilend). Schreiben Forscher, dass sie in Fallstudien qualitative Daten benutzen, so meinen sie damit meist eine dichte Beschreibung. Wenn die Evaluationsfrage ein Verständnis der Arbeitsbedingungen von ausländischen Arbeitern in der Schwerindustrie betrifft, dann wäre im Rahmen eines Fallstudien-Ansatzes z.B. eine Beschreibung aussagekräftiger, welche einbezieht, wie erschöpft sich die betroffenen Arbeiter in der Hitze fühlten – als lediglich festzuhalten, das dass Thermometer 35° anzeigte.» (GAO, 1990, S. 89). Wie das Prinzip der «dichten Beschreibung» in erziehungswissenschaftlichen Arbeiten präsent sein kann, zeigt das folgende Beispiel: Ben Bachmair beschreibt in einer seiner Arbeiten das Kinderzimmer von Jonas, einem 9-jährigen Jungen (vgl. Bachmair 2001, S. 331 f.). Jonas ist 9 Jahre alt und lebt im Einfamilienhaus in einer Grossstadt. Er macht einen freundlichen, aufgeschlossenen Eindruck.

«Überblick über Jonas' Medien-, Konsum- und Ereignisarrangement
Sport und Freizeit: Fussball (Bayernfan), Tischtennis, Tennis, Basketball, Schwimmen, Fahrrad, Rollerskates, Ausruhen, Schlafen, Rausgehen, mit Freund spielen
Musik: Michael Jackson, Scooter
Spielzeug und Hobbys: Autos, Lego (baut Flugzeuge und Düsenjets), Poster

(Mickey Mouse, Limit, Bravo Sport, Heros 96, Sportler, Untertaker – doof –, Boxer, Silvester Stallone, Arnold Schwarzenegger, Power Rangers), Eisenbahn, mc Donaids-Figuren, Donalds, Überraschungsei-Figuren, Alarmanlage aus Büchern, Kaufmannskasse, Kuscheltiere, Baukasten, Dinosaurier, Computerspiele
Lieblingsfilme: Toy Story (Kino), Free Willy, Krimis (nur bei Oma), Captain Planet, Power Rangers».

Zusätzlich wird Jonas von zwei Studentinnen zu seinen Freizeit- und Medienvorlieben interviewt. Aus diesem Interview stammt der folgende kurze Ausschnitt:

«Interv.: Und was sind das da für Typen aufm Poster?
Jonas: Da auf dem Poster das sind Heros 96.
Interv.: Was ist das?
Jonas: Also das sind das sind z.B. hier alles Helden und die zwei finde ich am döfsten, das sind Undertaker.
Interv.: Und was ist das?
Jonas: Ach, die kämpfen so miteinander. Also die schmeissen sich auf den Boden, bis einer k.o. ist. Dann springen die da auf den Bauch und so.
Interv.: Aha. Und das findste doof.
Jonas: Ja. Das mag ich nicht so gern. Und von dem hier hab ich schon mal – von Hulk Hogan hab ich schon mal nen Film gesehen. Der war auch nen bisschen brutal, aber nur n bisschen. Den hab ich auch bei der Oma geguckt. Ja. Und dann find ich alle gut.
Interv.: Bei der Oma guckst du mehr fern als zu Hause, nicht?
Jonas: Naja.»

Die Verbindung zwischen einer Beobachtungssequenz, welche das eigene Zimmer unter der Perspektive einer Medienlandschaft rekonstruiert, und den ausführlichen Interviews ergibt eine äusserst präzise und fruchtbare («dichte») Beschreibung. Diese dürfte für eine weitere Analyse sehr ergiebig sein und Schlüsse zulassen, die durch die sehr detaillierten Beobachtungen gut zu stützen sind.

Generell gehen wir bei der Praxisforschung davon aus, dass man mit einem Methoden-Mix arbeitet, also mehrere Forschungsmethoden und -instrumente einsetzt, die den Gegenstand von unterschiedlichen Seiten her beleuchten und so die Dichte der Beschreibung erhöhen (siehe auch die Ausführungen zur Triangulation, S. 49f.).

So würde das oben skizzierte Projekt der Überprüfung des neuen Verfahrens zum Geometrielernen vielleicht wie folgt aussehen:
- eine quantitative Untersuchung zum Lernerfolg (in einer ähnlichen Form, wie es im Text vorgeschlagen wird);

- die Auswertung von Schüler/innentagebüchern, die in ausgewählten Klassen durchgeführt werden;
- qualitative Interviews mit Lehrkräften über ihre Erfahrungen mit der neuen Methode;
- Beobachtungen in einzelnen Klassen, um herauszufinden, wie mit der neuen Methode gearbeitet wird.

Das letzte Beispiel zeigt, dass auch quantitative Untersuchungen einen wesentlichen Beitrag zur Dichte einer Beschreibung leisten können. So kann es die Qualität einer Arbeit erhöhen, wenn neben qualitativen Interviews mit einer kleinen Gruppe von Schüler/innen auch Interviews mit einer repräsentativen Stichprobe durchgeführt werden, um die an der kleinen Gruppe gewonnenen Vermutungen auf eine grössere Grundgesamtheit hin verallgemeinern zu können. Erhält man zum Beispiel in (qualitativen) Einzelinterviews zum Einsatz von Computern in der Schule immer wieder die Antwort, dass die ungenügend funktionierende Technik einen intensiveren Einsatz der Geräte verunmögliche, so stellen sich dabei verschiedene Anschlussfragen: Handelt es sich um ein allgemeines Problem oder hat man für seine Interviews eine kleine Minderheit Unzufriedener erwischt? Drückt sich hier vielleicht nur eine Abwehrhaltung aus, die einen technischen Vorwand sucht? Ein Mosaikstein auf dem Weg zur richtigen Interpretation könnte hier auch quantitatives Datenmaterial sein, das Hinweise darauf gibt, ob die Computerinstallation von einer Mehrheit als unbefriedigend wahrgenommen wird und ob sich nach ihrer Beobachtung die Pannen generell häufen.

Zum Verhältnis von quantitativer und qualitativer Forschung meinen Saludadez/Garcia: «Qualitative und quantitative Forscher können Forschungsprobleme untersuchen, wobei sie zusammenarbeiten und sich ergänzen, um eine ganzheitlichere Lösung ihrer Forschung zu erreichen. ‹Ergänzen› meint dabei, dass jeder der beiden Ansätze benutzt wird, um eine andere Forschungsfrage oder unterschiedliche Aspekte davon zu beantworten – und nicht, um die qualitative Forschung der quantitativen unterzuordnen oder umgekehrt.» (Saludadez/Garcia 2001, S. 9).

Erkenntnistheoretische Voraussetzungen
Wenn wir die Notwendigkeit dichter Beschreibungen betonten, so hat das auch erkenntnistheoretische Gründe. Denn nach welchem Konzept man forscht, hängt auch damit zusammen, wie man die Welt sieht. Je nach erkenntnistheoretischer Position ist unterschiedlich definiert, was man erkennen kann und wie schwierig oder einfach dies ist:
- **Man kann die Welt positivistisch als eine einzige Realität betrachten; sie ist in ihrer Struktur so transparent, dass man sie aus der Position des aussenstehenden Beobachters objektiv beschreiben und messen kann. Letzt-**

lich ist für diese Auffassung die prinzipielle Möglichkeit, die Welt so zu erkennen, wie sie ist, unproblematisch. Die Tatsachen stehen vor den Augen, und die Daten, die man misst, sind nichts anderes als direkter Ausdruck dieser Realität, die man erkennen will. Diese Beobachtungen werden dann kausal erklärt und zu allgemeinen Theorien verdichtet, welche die Welt in ihren Zusammenhängen wie ein offenes Buch beschreiben. Dieser Ansatz steckt sehr oft hinter dem Konzept quantitativer Forschung.

- Man kann die Welt aber auch systemisch als Konglomerat von Wahrnehmungskonstrukten sehen, welche zwischen der Realität «an sich» und unserer Wahrnehmung vermitteln. Das, was wir sehen, die Oberfläche, hängt damit auch von unserer Position und Perspektive ab. Beobachtungen sind deshalb immer bereits perspektivisch «vorkonstruiert», und auch Erklärungen sind nur innerhalb bestimmter Kontexte und Zeiten gültig. Hier setzt denn auch unser Konzept der Abduktion ein: Wir versuchen, uns dabei wie bei einem Puzzle eine stimmige Erklärung zu suchen und wissen auch, dass diese von unserer eigenen Wahrnehmung abhängig ist. Wir hoffen zwar, etwas von der verborgenen «Realität» einzufangen, wissen aber nie, in welchem Ausmass uns das gelungen ist.

Die Tabelle auf Seite 28 versucht noch etwas differenzierter darzustellen, welche Antworten diese beiden Ansätze auf erkenntnistheoretische Fragen geben, aus welcher Grundhaltung heraus sie die Welt zu verstehen versuchen.

Zuerst ist zu betonen, dass die entscheidende Differenz zwischen den beiden Forschungsparadigmen nicht durch den Gegensatz qualitativ/quantitativ ausgedrückt werden kann. Denn es gibt auch qualitative Forschung, die sich auf der positivistischen Seite befindet.

Das belegt etwa eine Auseinandersetzung um das Buch «Die Street Corner Society» des amerikanischen Soziologen William F. Whyte (1996). In seiner Studie hatte er das Leben italienischer Einwanderer in Boston beschrieben und darüber ein Buch mit fast romanhaften Zügen geschrieben. Es sollte das Leben der Menschen von Cornerville, wie Whyte das Quartier nannte, so beschreiben, wie es wirklich war und wie es der Forscher im Rahmen seiner teilnehmenden Beobachtung aufgeschrieben hatte.

An diesem Konzept einer teilnehmenden Beobachtung, die über das Auge des beobachtenden Forschers objektiv beschreiben möchte, wie es damals in Cornerville zuging, gab es in den 90er-Jahren eine heftige Kontroverse. Stein des Anstosses war u.a., dass Boelen einige der damaligen Gesprächspartner von Whyte erneut interviewte und zum Ergebnis kam, dass sich aus ihren Recherchen ein anderes Beziehungsnetz zwischen den Protagonisten der Studie ergeben hätte. Whyte (1996, S. 220 ff.) fühlte sich dadurch in seiner

Ehre als Forscher verletzt. Er interpretierte die Kritik als Vorwurf, dass er unsorgfältig gearbeitet hätte und setzte sich entsprechend zur Wehr: Er bezweifelte, dass sich die 15 Befragten an Ereignisse zurückerinnern konnten, die 35 und mehr Jahre zurücklagen. Und er versicherte, dass er alles nach bestem Wissen und Gewissen aufgeschrieben habe.

Fragen	Positivistischer Ansatz	Systemischer Ansatz
I. Wie funktioniert die Welt?	Es gibt eine Realität. Das Ganze kann verstanden werden, indem man sorgfältig Teile daraus separiert und studiert.	Es gibt multiple Realitäten. Diese Realitäten sind sozialpsychologische Konstrukte, die ein gegenseitig verbundenes Ganzes bilden. Diese Realitäten können als solche nur in ihrer Vernetzung verstanden werden.
II. Was ist die Beziehung zwischen dem Erkennenden und dem Erkannten?	Der Erkennende kann ausserhalb dessen stehen, was zu erkennen ist.	Der Erkennende und das Erkannte hängen wechselseitig voneinander ab.
III. Welche Rolle spielen Werte beim Verstehen der Welt?	Werte können im Erkenntnisprozess ausgesetzt werden.	Werte vermitteln und formen, was verstanden wird.
IV. Sind kausale Verknüpfungen möglich?	Ein Ereignis kommt vor einem zweiten und kann als dessen Verursacher bezeichnet werden.	Ereignisse beeinflussen einander. Es können multidirektionale Beziehungen entdeckt werden.
V. Wie steht es um die Möglichkeit der Verallgemeinerung?	Erklärungen können von einem Ort und einer bestimmten Zeit auf andere Zeiten und Orte generalisiert werden.	Es sind nur kontext-bezogene und vorläufige Erklärungen für eine bestimmte Zeit und einen Ort möglich.
VI. Was ist der Beitrag der Forschung zum Wissen?	Im Allgemeinen suchen Positivisten die Verifizierung (Induktion) oder die Falsifikation von allgemeingültigen Theorien.	Es wird versucht, abduktiv und kontextbezogen Theorien zu generieren und dadurch Rätsel zu lösen.

Quelle: Pamela Maykut, Richard Morehouse. *Beginning Qualitative Research. A Philosophical Guide*. London: Falmer Press, 1994.

Hier liegt wohl auch das Missverständnis der beiden Parteien. Whyte besteht auf der «Richtigkeit» seiner Aufzeichnungen und Beschreibungen. Er argumentiert vom positivistischen Modell aus: Für ihn gibt es die «richtige Geschichte» von Cornerville, also eine einzige Realität, die man so beschreiben kann, wie sie in Wirklichkeit ist. Die eigenen Werte und Einstellungen werden zugunsten der unbestechlichen Beobachtungen zurückgestellt.

Den Kritikern geht es dagegen gar nicht so sehr um die Frage, wie genau Whyte die damalige Realität in Boston wiedergab. Ihnen geht es darum zu zeigen, dass Forschung Realität nie nur abbildet, sondern sie auch konstruiert. Warum ist die von Whyte erzählte Geschichte stark von Männern dominiert? Wäre es eine ganz andere Geschichte geworden, wenn sich der Bericht Whytes auf andere Gewährspersonen bezogen hätte? Der Erkennende und das Erkannte hängen danach eng miteinander zusammen. Die Geschichte von Cornerville ist in den Augen der Kritiker genauso durch den Berichterstatter geprägt wie durch den Gegenstand, den er beschreibt.

Das neue Paradigma geht im Unterschied zur einen transparenten Welt, die den Forschenden zugänglich ist, von «multiplen Realitäten» aus. Dies sind soziopsychologische Konstruktionen, mit welchen die Subjekte ihre Welt von unterschiedlichen Standpunkten her erfassen. Wahrheit gehorcht damit nicht mehr einem Kriterium der Korrespondenz zu ihrem Gegenstand, sondern «es gibt multiple, oft miteinander konfligierende Konstruktionen, und all diese sind (wenigstens potenziell) bedeutungsvoll» (Schwandt, 1994, S. 128). Für die Forschung geht es um die Frage, welche der unterschiedlichen Erklärungsversuche «besser informiert» und differenzierter sind – also welche das vorliegende «Rätsel» der Forschungsfrage am besten lösen.

Wenn also Forschung gegenüber den Erklärungen des Alltags eine gewisse Überlegenheit beansprucht, dann geschieht dies nicht kraft der hervorgehobenen Position der Forschenden (vgl. auch Guba/Lincoln 1994). Diese argumentieren erst einmal nur mit einer weiteren Beobachtungsperspektive. Aber sie können durch den systematischen Charakter ihrer Forschungsarbeit beanspruchen, «informiertere» Erklärungsversuche zu formulieren.

Doch letztlich sind auch diese natürlich begrenzt. Theorien können im Moment ein Rätsel «besser» oder «schlechter» lösen; es besteht aber keine Gewähr, dass dies auch in Zukunft so sein muss. Zudem wird auch dann, wenn man die Überlegenheit einer Theorie anerkennt, nicht ausgeschlossen, dass es verschiedene Möglichkeiten gibt, die Welt zu repräsentieren bzw. dass in unterschiedlichen Kontexten auch unterschiedliches Wissen als besonders geeignet zur Rätsellösung betrachtet wird.

Zusammenfassend bedeutet dies: Forschung, die auf dem Hintergrund eines systemischen Ansatzes arbeitet, hat sich – und dies ist auch das Fazit des Falles der Street Corner Society – an folgenden Prinzipien auszurichten:

- Die Forschenden sind nie unabhängig vom Forschungsgegenstand zu sehen. Ihre Position ist deshalb im Forschungsprozess immer mitzureflektieren.
- Ist der Forschungsgegenstand ein soziales System, kann dieses je nach Position und Standpunkt ganz anders wahrgenommen werden (Bachmairs Kinderzimmer «erzählt» eine ganz andere Geschichte, wie wenn dazu die Eltern befragt würden).
- Es empfiehlt sich, in einem Forschungsprojekt unterschiedliche Perspektiven und Positionen anzusprechen, um dadurch Einblick in eine vernetzte Realität zu erhalten.
- Verallgemeinerungen sind vorsichtig vorzunehmen. Systemische Forschung ist sich bewusst, dass ihre Erkenntnisse immer auf bestimmte zeitliche und räumliche Konstellationen bezogen sind.

Aufgabe: Roland Girtler beschreibt in seinem Buch «Methoden der Feldforschung» die Rolle des Forschenden mit folgenden Worten. «Die grosse Kunst des Feldforschers besteht darin – im Gegensatz zu den üblichen Sozial- bzw. Kuturwissenschaften, die sich mit schwerer Forschungstechnologie ausrüsten –, dass er mit blossem Auge sieht und keine instrumentellen Krücken benötigt, um die Werte und wesentlichen Alltagsvorstellungen einer Kultur, zum Beispiel die der Randkultur der Dirnen oder die der ‹feinen Leute› zu erkennen.» (Girtler, 2001, S. 186). Untersuchen Sie diese Aussage aus der Perspektive einer systemischen Forschungskonzeption.

4. Sein und Sollen

Sowohl für quantitative wie für qualitative Forschung gilt, dass es nicht erlaubt ist, vom Sein auf das Sollen zu schliessen, also vom Vorliegen einer Theorie her zu behaupten, dass dies auch so sein soll.
Unzulässig wäre also die Folgerung:
«Weil 80 Prozent der Jugendlichen straffällig werden, sollen die Erziehungsheime bei Sanktionen härter durchgreifen.»
  Denn hier kommt eine zusätzliche Wertentscheidung ins Spiel, die durch die reine Aufdeckung des zugrunde liegenden Zusammenhangs nicht gerechtfertigt werden kann. Mit genau dem gleichen Recht könnte man z.B. fordern, anstatt härter durchzugreifen die schwierigsten Jugendlichen viel schneller in andere Heime zu versetzen. Man könnte aber auch den generellen Bankrott der Heimerziehung postulieren und verlangen, Jugendliche nur noch in Familien zu platzieren oder vielleicht in stärker gefängnishaften Institutionen, etc.

Wenn es also darum geht, dass Forscher/innen im Rahmen einer Praxisuntersuchung Empfehlungen abgeben, dann ist darauf zu achten, dass diese vom analytischen Teil der Forschungsarbeit strikt getrennt sind. Und es ist auch unbedingt notwendig, in der Arbeit darauf aufmerksam zu machen, dass in solche Empfehlungen immer auch Wert- und Beurteilungskriterien eingehen.

Evaluation: Wertung inbegriffen
Aspekte des «Sollens» sind vor allem bei Evaluationsstudien mitbeteiligt. Denn Evaluation meint, dass man das Handeln in Institutionen (z.B. Projekte, die dort stattfinden), auf seine Qualität hin bewertet. Die für uns entscheidende Problematik wird auf der Homepage des Instituts für Evaluation und wissenschaftliche Weiterbildung e.V. wie folgt beschrieben: «Evaluation ist auf unmittelbar praktische Nützlichkeit ihrer Ergebnisse verpflichtet, weniger auf Mehrung theoretischer Erkenntnis; sie ist häufiger durch bei Beteiligten geankerte Fragestellungen gesteuert als durch theoretisch abgeleitete Hypothesen; sie hat als expliziten Auftrag, Werturteile zu fällen oder Beteiligte auszurüsten, dies informiert zu tun.» (Vgl.: http://www.univation.org/index.php?class=Calimero_Article&id=115). Von den Daten her, die sie erhebt, kann eine Evaluationsstudie – nach dem dargestellten Prinzip, dass kein direkter Weg vom Sein zum Sollen führt – selbst keine Werturteile fällen. Allerdings kann sie im Rückgriff auf das Datenmaterial zweierlei:

Erstens kann sie aufzeigen, wie weit die vorgegebenen Ziele erreicht werden. Wenn es z.B. das Ziel eines Kultusministeriums bzw. einer Erziehungsdirektion ist, dass alle Lehrkräfte in ihrem Unterricht Computer einsetzen (Wertentscheidung), dann kann eine Evaluation der Nutzungssituation an den Schulen belegen, in welchem Ausmass dieses Ziel erreicht werden konnte. Damit wird es möglich, den Erfolg zu messen (ohne dass damit gleichzeitig das Ziel selbst gerechtfertigt wird). Denn natürlich kann letztlich das «dümmste» Ziel in einem hohen Mass erreicht werden ...

Zweitens kann eine solche Studie dazu beitragen, dass Entscheidungen informierter getroffen werden. Im Fall der Computereinführung könnte sie also bereits vor dem Beginn der eigentlichen Einführungsphase aufzeigen:
- Wie umfangreich die Aufgabe ist – indem die Ausstattung an den Schulen erhoben wird, um aufzuzeigen, welche Schulen noch nicht über die angestrebte Ausrüstung verfügen.
- Mit welchen Widerständen bzw. mit welcher Unterstützung von Seiten der Lehrerschaft gegebenenfalls zu rechnen ist (aufgrund einer repräsentativen Lehrer/innenbefragung).
- Was sich am Unterricht von Pilotschulen durch die Einführung des Computers verändert hat (über teilnehmende Beobachtung) etc.

Auch die Ergebnisse dieser Studie nehmen den Bildungspolitiker/innen die Entscheidung nicht ab. Sie können aber wesentliche Informationen liefern, welche bei der Entscheidungsfindung als Argumente hilfreich sind.

Nun kann es aber sein, dass die Evaluierenden als Experten auch selbst raten sollen, was zu tun ist, um ein Projekt zu optimieren. So forderten die Auftraggeber von den Evaluierenden eines Projektes im Drogenbereich explizit, dass diese Empfehlungen zu formulieren hätten, wie die Wirksamkeit dieses Projektes verbessert werden könne. Zweifellos wird dabei auch erwartet, dass Fachexperten mehr dazu sagen können als ihre rein persönliche Meinung.

Wenn die Evaluierenden in solchen Fällen die Falle von unzulässigen Schlussfolgerungen vermeiden wollen, gibt es zwei Möglichkeiten:
- Einmal kann die Evaluationsforschung versuchen, die verschiedenen beteiligten Gruppen eines Projektes selbst nach Massnahmen zu befragen, die sie für die Optimierung des Projektes als notwendig erachteten. Dabei werden Argumente und Begründungen deutlich, die für die jeweiligen Vorschläge sprechen. So könnte man etwa im oben genannten Drogenprojekt nachfragen, wo man die Hauptprobleme bei der Wirksamkeit des Projektes sehe, und was auf diesem Hintergrund zu tun sei. In diesem Sinne könnte man Gruppendiskussionen führen mit
  – Drogenabhängigen
  – Sozialarbeiter/innen im Projekt
  – Anwohner/innen
  – Fachexpert/innen aus der Drogenpolitik.

Anstatt selbst Urteile zu fällen, werden die Bewertungen und Vorschläge der befragten Gruppen im Schlussbericht präsentiert – als Argumentationshilfe für die entscheidenden Auftraggeber.

Die neuere Evaluationsforschung versucht also, sich dadurch aus dem Dilemma der Wertentscheidungsproblematik zu lösen, dass sie nicht einen absoluten eigenen Standpunkt vertritt. Vielmehr versucht sie, die möglicherweise an ganz unterschiedlichen Normen orientierten Bewertungen der verschiedenen Interessenvertreter zu erfassen. Die sich daraus ergebenden Resultate werden im Schlussbericht dem Auftraggeber zurückgespiegelt – ev. zusammen mit einer kommentierenden Bewertung bzw. den Schlussfolgerungen des Evaluationsteams (so etwa geschehen bei der Evaluation der Diplommittelschule – DMS 2 – in Basel: Moser/Wettstein 1996).

Zweitens können Evaluierende als deklarierte Fachexperten selbst Empfehlungen formulieren. Dies wird von den Auftraggebern aufgrund des ihnen zugeschriebenen Expertenstandpunkts oft sogar erwartet. Sie können sich dieser Aufgabe deshalb auch nicht entziehen. Dabei gilt: Je dichter die

Beschreibung der Situation ist, in der eine Empfehlung gegeben wird, desto besser kann diese Empfehlung begründet bzw. «informierter» gestaltet werden. Je mehr wir also z.b. über die Abläufe und die Kommunikation innerhalb der Drogenarbeit, über die Einstellungen der Klienten und ihren sozialen Hintergrund, über die Einschätzung der Sozialarbeiter/innen etc. wissen, desto besser begründet können unsere Vorschläge sein. Allerdings handelt es sich bei diesen Aussagen immer noch um Beurteilungen und um keine Faktenaussagen oder gar um «Ableitungen aus dem Datenmaterial» (deshalb der hier verwendete Begriff «informierte» Entscheidung).

5. Klare Begriffe und Kategorien

Gegenüber der Alltagssprache ist es notwendig, dass die in Forschungsarbeiten benutzten Begriffe klar und präzise definiert sind.

Denn wenn zum Beispiel in einer Forschungsstudie Begriffe wie «Angst» oder «Depression» je nach Zusammenhang eine unterschiedliche Bedeutung erhalten, weiss man bald nicht mehr, wovon man spricht. So müsste auch der weiter oben gebrauchte Ausdruck «mit grösserer Wahrscheinlichkeit» präzisiert werden. Handelt es sich um einen von zehn, von fünfzig oder von hundert Fällen?

So hat die Forschungs-Methodologie der quantitativ-empirischen Forschung seit jeher verlangt, dass die Begriffe in Hypothesen präzisiert und so weit in eine «Beobachtungssprache» übersetzt werden, dass sie in Forschungsoperationen umsetzbar sind.

Beispiele
- «Politisches Interesse»
  Man stellt Fragen nach Parteimitgliedschaft, Häufigkeit der Gespräche über Politik, Informiertheit über politische Ereignisse etc. und kombiniert diese Fragen in einem «Index». Der Punktwert auf dem Index gibt das Ausmass politischen Interesses an.
- «Aggression»
  a) «Nicht-verbale Aggression»: Das Drücken eines Knopfes an einem Apparat, der (vermeintlich) Elektroschocks unterschiedlicher Stärke auslöst (zahlreiche Experimente, z.B. Milgram).
  b) «Verbale Aggression»
  Das Aussprechen von Wörtern, die zuvor von unabhängigen Beurteilenden als Repräsentation von Aggression klassifiziert wurden (z.B. «gewalttätig»).

- «Soziale Schicht»
  a) Subjektive Selbsteinstufung von Personen aufgrund vorgegebener Kategorien.
  b) Einstufung einer Person z.B. aufgrund ihrer Schulbildung, ihres Berufes und ihres Einkommens; Kombination dieser Merkmale in einem Index (Punktwert), Zusammenfassung mehrerer Punktwerte zu «Schichten».
  c) Beurteilung der Ausstattung eines Wohnzimmers oder der Wohnung/ des Hauses durch den/die Beobachter/in oder Interviewer/in.
- «Intelligenz»
  Definiert als Wert, den ein Intelligenztest misst (vgl. Friedrichs 1990, S. 73ff.).

Paraphrasen
Ähnliche Ansprüche gelten auch für die qualitative Forschung. Hier ist es besonders wichtig, das Verständnis der Aussagen von Interviewten zu überprüfen – sich also zu versichern, dass man richtig versteht, was diese gemeint hatten.

Arbeiten mehrere Forscher/innen zusammen, so können sie die Aussagen in eigenen Worten paraphrasieren, um im gegenseitigen Vergleich zu kontrollieren, ob alle dasselbe verstanden haben. Sie verschriftlichen also die jeweiligen Aussagen der Interviewten in eigenen Worten und vergleichen diese dann anschliessend, um so den eigentlichen Sinn des Gesagten herauszufinden.

Paraphrasieren kann aber auch bei der individuellen Auswertung eines Forschers ein Verfahren sein, um dem Kern einer Aussage näher zu kommen.
So heisst es in einem Interview mit einer Lehrkraft zum Computereinsatz in den Schulen:

Interviewer: Ja, ja ... sehen Sie auch Gefahren, wenn man Computer im Unterricht einsetzt? Gibt es das auch, negative Auswirkungen?

Lehrkraft: Also, wo ich einfach von Anfang an Mühe hatte, das war mit der Reihenfolge ... man wollte es bei den Schülern gerne, ja der Computer ist jetzt halt einfacher, als im Rechnungsheft zu rechnen, das ist unbewusst, die Kinder ...

Diese Passage ist nicht einfach zu verstehen; wenn man aber damit weiterarbeiten will, muss man den Sinn der Aussage deutlicher herausarbeiten und den Satz – so wie er gemeint ist – in eigenen Worten formulieren. Für diese Aufgabe hat Deppermann folgendes Frageraster formuliert:

Worum geht es in der Gesprächspassage?
  Wer spricht worüber?

Worauf beziehen sich die einzelnen Ausdrücke? Über welche Ereignisse, Personen, Sachverhalte, Zeiten, Orte etc. wird gesprochen?
Welche Ausdrücke und Bezüge bleiben unverständlich, vage, mehrdeutig?
Warum wird nicht expliziter gesprochen? Welche Gründe, Funktionen und Konsequenzen kann das haben?
Wozu dienen die Äusserungen der Gesprächsteilnehmer? Welche Art von sprachlicher Handlung wird vollzogen? Mit welchen Aufgaben oder Anforderungen befassen sich die Interaktanten?
(Quelle: Deppermann, 1999, S. 56)

Allerdings werfen Paraphrasen oft wieder neue Fragen auf, die nicht mehr aus dem Text beantwortet werden können. Und es ist auch möglich, in der Analyse das Paraphrasieren mehrstufig zu führen – und zum Beispiel mehrere Paraphrasen wiederum auf Gemeinsamkeiten hin zusammenzufassen. Das kann sehr schnell aufwändig werden, indem sich das Textvolumen verdoppelt und verdreifacht. Aus diesem Grunde ist sorgfältig im Sinne der Forschungsökonomie abzuschätzen, ob sich ein solcher Aufwand lohnt.

Denn eine Gefahr, auf die Deppermann verweist, ist bei diesem Verfahren nicht von der Hand zu weisen: Es birgt nämlich die Gefahr in sich, dass sich die Forschenden bei ihrer weiteren Auswertungsarbeit vornehmlich noch auf die Paraphrase und nicht mehr auf den zugrunde liegenden Text beziehen: «D.h. aber: Sie analysieren ihre eigene Interpretation statt die Aktivitäten der Gesprächsteilnehmer.» (Deppermann, 1999, S. 55)

Dennoch ist es natürlich vor allem dort wichtig, ein präzises Verständnis der Aussagen zu entwickeln, wo die Forscher/innen von Kategorien und Codes ausgehen, denen bestimmte Aussagen im Text zugeordnet werden. Wenn die Bedeutung dieser Kategorien nicht klar definiert ist, wird die Zuordnung schnell willkürlich. Und auch dann noch sind Zuordnungen nicht immer so einfach vorzunehmen, wie man das gerne hätte:

Im obigen Interviewausschnitt zum Computereinsatz könnte man die Aussage des Lehrers wie folgt zusammenfassen: «Anstatt zuerst mit dem Rechenheft zu arbeiten, möchten die Kinder schon am Anfang am Computer arbeiten, weil es einfacher ist.» Gleichzeitig bezeichnet er dies als «Mühe». Die Frage wäre hier z.B., ob diese Aussage zu Recht ein Beispiel für die Kategorie «Gefahren des Computereinsatzes» ist, unter welcher sie kodiert wird, oder ob sie mit dieser Interpretation überinterpretiert wird.

Definitionen

Grundsätzlich gelten die folgenden Möglichkeiten, Begriffe zu präzisieren, für beide Formen der Forschung (quantitativ und qualitativ):

Realdefinition: Ein Begriff wird durch «ontologische» Merkmale, sein «Wesen», seine «Natur» bestimmt (etwa in phänomenologischer Forschung). Gegenüber dieser Art von Definition werden in der Literatur indessen grosse Einwände erhoben. So meint Friedrichs: «Mit derartigen Definitionen sind wissenschaftliche Aussagen nicht formulierbar; solche Realdefinitionen sind deshalb unbrauchbar.» (Friedrichs 1990, S. 75).

Nominaldefinition: Ein neuer Begriff wird durch bekannte ersetzt (der Ausdruck A ist mit dem Ausdruck A' synonym):
1. Grossstadt = df. alle Siedlungen mit mehr als 100 000 Einwohnern
2. Weltstadt = df. die Grossstädte Berlin, Moskau, Paris, New York, Peking, London, Rom, Tokio, Mexico City
3. Kinderreiche Familien = df. jede Familie mit drei und mehr Kindern.

Indikatorbildung: Ein durch einen Begriff bezeichneter Sachverhalt liegt dann vor, wenn er durch einen Indikator «angezeigt» wird.
- «Lüge»: Sie liegt vor, wenn der Lügendetektor positiv ausschlägt.
- «Aggression»: Sie liegt vor, wenn ein Kind nach einer Fernsehsendung eine Puppe schlägt.

Indikatoren sind Schlüsse, die oft weitere Hypothesen implizieren (z.B. Zusammenhänge zwischen physiologischen und psychischen Prozessen im Fall des «Lügens»).

Für Forscher/innen sind Indikatoren oft auch dort wichtig, wo sie z.B. ein Projekt evaluieren. Denn die Zielsetzungen sind sehr häufig in einer abstrakten Sprache verfasst, die alles andere als eindeutig ist. So könnte es in einem Schulprojekt darum gehen, das selbständige Lernen der Schüler/innen im Projektunterricht zu fördern. Was man aber unter «selbständigen Lernen» konkret versteht bzw. welches Verhalten der Schüler/innen darunter fällt, darüber können sich die Geister scheiden. Aus diesem Grunde soll dieses Konzept über Indikatoren – also «Anzeiger» – konkretisiert werden. Um die Konkretisierung zu erleichtern, könnte man noch eine mittlere Stufe von Kriterien hinzuziehen, so dass man beim Konzept des selbstständigen Lernens zum Beispiel zu folgender Indikatorenbildung gelangen könnte:

Kriterien
- Die Schüler/innen bestimmen über die Ziele und Inhalte des Unterrichts mit.
- Die Lehrpersonen sind stärker Berater von Unterrichtsprozessen als direkte Stoffvermittler.
- Die Schüler/innen organisieren die Arbeit in ihren Lerngruppen selbst etc.

Indikatoren
- Schüler/innen lernen selbständig, wenn sie ohne Hilfe der Lehrkraft Projektziele festlegen.

- Es ist ein Ausdruck selbständigen Lernens, wenn Schüler/innen gemeinsam und ohne Mithilfe einer Lehrkraft ein Arbeitsprogramm für die nächste Stunde aufstellen und dieses gezielt zu erfüllen suchen.
- Selbständiges Lernen heisst, dass die Lehrpersonen erst dann beigezogen werden, wenn mehrere Versuche gescheitert sind, selbst weiter zu kommen.

6. Forschungsansätze und -typen

Zum Abschluss dieser theoretischen Überlegungen zum Forschungsprozess sollen zusammenfassend nochmals die wichtigsten Forschungskonzeptionen dargestellt werden, die im Rahmen der Praxisforschung oft genannt werden. Dabei sind drei grosse Bereiche zu unterscheiden, denen Forschungsstudien zugeordnet werden können:

1. **Praxisuntersuchungen**, die von Studierenden, Praktiker/innen und Wissenschaftler/innen mit klarer analytischer Ausrichtung durchgeführt werden – oft im Auftrag von Institutionen der Praxis und in enger Zusammenarbeit mit diesen.
2. **Evaluationsstudien**, in denen es darum geht, nicht nur Theorien zu überprüfen, sondern den Erfolg von Massnahmen und Projekten zu bewerten («Was hat diese Jugendfreizeit gebracht?»). Hierzu gehört auch die «Selbstevaluation», also die Evaluation von Projekten, an denen man selbst beteiligt ist.
3. **Partizipative Aktionsforschung (participative action research)**, die vom Anspruch ausgeht, Forschungsprojekte in Kooperation mit Praktikern und Praktikerinnen durchzuführen. Auch hier wird es eine gewisse Arbeitsteilung zwischen Forschenden und Handelnden geben müssen. Dennoch ist die Zusammenarbeit der Beteiligten enger als unter 1), indem auch Praktiker/innen direkt am Forschungsprozess teilhaben.

Praxisuntersuchungen

Praxisuntersuchungen beziehen sich auf die analytische Abklärung und Erforschung von Fragestellungen. Als Recherchen, die vor allem darauf abzielen, eine Fragestellung besser zu durchdringen und mittels empirischer Daten und Informationen darauf Antworten zu suchen, sind solche Untersuchungen oft im Wissenschaftssystem angesiedelt – vielleicht auch im Ausbildungssystem, wo sich Studierende mit Abschlussarbeiten qualifizieren müssen. Oder es sind Forschungsstellen in den Institutionen der Praxis selber, welche versuchen, Probleme dieser Praxis zu untersuchen und dazu systematisch Daten zu sammeln.

Wie wir gesehen haben, ist es das Ziel solcher Untersuchungen, eine dichte Beschreibung des Gegenstandes zu erreichen, um darauf basierend (abduktive) Schlüsse zu ziehen. Methodisch wird man sich dabei nicht auf ein einziges Verfahren beschränken, das man anwendet. Vielmehr wird man versuchen, mehrperspektivisch mehrere Zugriffe auf das Forschungsfeld zu realisieren, die sich gegenseitig ergänzen. Man wird vielleicht selbst Feldbeobachtungen durchführen, mit Fragebögen und Interviews arbeiten und die Berichterstattung der Zeitungen analysieren etc.

Dabei gehören oft auch quantitative Befragungen zu solchen Untersuchungen dazu. Sie können z.b. dazu dienen, Vermutungen, die im Verlauf eines Forschungsprozesses aufgetaucht sind, an grösseren Gruppen zu überprüfen. Cupchik (2001) sieht quantitative und qualitative Erhebungen insofern aufeinander bezogen, als die quantitative Forschung dazu beiträgt, die relevanten Prozesse im Forschungsfeld präzise zu beschreiben, während qualitative Forschung die Basis für die angestrebte «dichte Beschreibung» dieses Feldes darstellt: «Nach den Prinzipien der Unabgeschlossenheit ist es unmöglich, die ‹wahre› oder endgültige Bedeutung eines einzelnen Ereignisses festzulegen. Quantitative Forschung auf der anderen Seite bedeutet Präzision und vermag statistische Effekte herauszuarbeiten, aber ihre Bedeutung und ökologische Validität bleiben kritisch zu befragen.» (Cupchik 2001, Abschnitt 24).

Vor allem im Bereich der Theorieentwicklung beweisen qualitative Verfahren ihre Stärke. So wird es in vielen solchen Untersuchungen erst einmal darum gehen, am erhobenen Material Theorien und hypothetische Annahmen zu entwickeln, wie dies im Ansatz der «grounded theory» empfohlen wird. Ausgehend von ersten, oft noch generellen Fragestellungen werden am Datenmaterial Kategorien entwickelt und verfeinert, die durch das Material gedeckt werden und es sinnvoll interpretieren. Dabei soll man sich bis zu einem gewissen Grad seinem Gegenstand überlassen und seine Vorannahmen nicht zu stark forcieren: «Man beginnt nicht mit der Theorie, um diese dann zu beweisen. Vielmehr beginnt man mit einem Untersuchungsbereich – und was für diesen Bereich relevant ist, darf sich darin entwickeln (‹emerge›).» (Strauss/Corbin 2008, S. 23).

Wenn sich dann erste Bedeutungscluster ergeben, also Zusammenhänge zeigen, dann kann es sinnvoll sein, ergänzend zu anderen Verfahren zu wechseln, um herauszufinden, ob sich die bisherigen Beobachtungen bestätigen, ob die neuen Daten diese ergänzen – oder ob aufgrund neuer rätselhafter Ergebnisse die Fragestellung selbst überarbeitet werden muss. Es muss kaum betont werden, dass wir hier nochmals unseren abduktiv vorgehenden Detektiv in Aktion sehen ...

Evaluation

Evaluationsstudien unterscheiden sich von den anderen Formen dadurch, dass sie direkt auf die Aktivitäten im Praxissystem bezogen sind und dort stattfindendes Handeln überprüfen. Es geht also z.b. darum, die Wirksamkeit eines neuen Heim- oder Schulkonzepts zu untersuchen, zu bewerten, wie gut eine neue Unterrichtsmethode oder Drogentherapie abschneidet. Aus dieser praktischen Perspektive heraus fasst etwa das Institut für Evaluation und wissenschaftliche Weiterbildung e.V in Köln Evaluationen nicht mehr unter dem Forschungsbegriff: «Obwohl verwandt, folgt Evaluation einer anderen Logik als Forschung: Evaluation ist auf unmittelbar praktische Nützlichkeit ihrer Ergebnisse verpflichtet, weniger auf die Mehrung theoretischer Erkenntnis; sie ist häufiger durch bei Beteiligten geankerte Fragestellungen gesteuert als durch theoretisch abgeleitete Hypothesen; sie hat als expliziten Auftrag, Werturteile zu fällen oder Beteiligte auszurüsten, dies informiert zu tun.» (So auf: http://www.univation.org/index.php?class=Calimero_Article&id=115).

Wie wir schon im Abschnitt zu «Sein und Sollen» deutlich machten, kann es nicht darum gehen, über Forschung Werturteile zu beweisen. In diesem Sinne ist die Bemerkung zur Abgrenzung von Forschung plausibel. Dennoch beinhaltet Evaluation meist auch ein klares Erkenntnisinteresse, wobei die interessierenden Fragestellungen mit den Instrumenten des Forschungshandelns empirisch untersucht werden. In diesem Sinne zählen wir hier die Evaluation zu den Forschungskonzepten und sehen keinen Anlass, sie auszugrenzen.

Fragt man zudem, wo der Schwerpunkt des Evaluierens liege, im Wissenschafts- oder im Praxissystem, so ist eine eindeutige Antwort ebenfalls schwierig. Auf der einen Seite ist in den letzten Jahren im sozialen und im Bildungsbereich eine Bewegung immer stärker geworden, welche Selbstevaluation zum Teil der Arbeit von Praktiker/innen wie Lehrkräften oder Sozialarbeiter/innen erklärt. Professionalisierung dieser Berufe bedeutet in dieser Auffassung, dass sich in der Praxis eigene Reflexionssysteme entwickeln, welche dazu dienen, die eigene Arbeit zu kontrollieren und zu verbessern.

Auf der anderen Seite sind auch Hochschulen und Universitäten Träger von Evaluationsprogrammen – etwa wenn es darum geht, die Qualität von Schulen international zu vergleichen wie in den TIMMS- oder PISA-Studien. Gerade solche Studien lassen sich auch leicht an den wissenschaftlichen Diskurs anschliessen – etwa an jenen zur makrosoziologischen Entwicklung des Bildungssystems bzw. zum internationalen Vergleich des Bildungswesens.

Fazit: Der Evaluationsbereich macht keine Ausnahme; auch er ist breit gefächert und umfasst Zweige, die von Selbstevaluation und Evaluationsstellen in Praxisinstitutionen bis zu wissenschaftlich orientierten Studien von Hochschulen und Universitäten gehen.

Zum Schluss sollen nochmals einige wesentliche Merkmale des Evaluationsprozesses zusammengefasst werden:

Formativ/summativ
- Formative Evaluation gibt während des Projektprozesses ein Feedback und hilft so, es zu verbessern.
- Summative Evaluation gibt jemandem ausserhalb des Projektes ein Feedback, der über das Projekt (Personen, Produkt) Entscheidungen zu fällen hat. Sie findet am Ende bestimmter Zeiträume oder zum Abschluss des Projektes statt.
Diese Klassifikation ist *funktional*.

Intern/extern
- Interne Evalution geht von einer Innenperspektive des Projekts aus, indem die Evaluierenden Angehörige des Systems sind.
- Externe Evaluation operiert dagegen aus der Aussenperspektive des Systems.
Dies ist eine *organisationelle Klassifikation*.

Distanziert/interaktiv
- Distanzierte Evaluation bedeutet, dass die Evaluierenden von den Handlungsaktivitäten des zu untersuchenden Systems losgelöst sind und sich auf eine Beobachterrolle zurücknehmen.
- Interaktive Evaluation umfasst darüber hinaus auch die Zusammenarbeit und das Interesse an der Verbesserung des Projekts.
Hier handelt sich um eine Unterscheidung nach dem Kriterium der *Insertion*.

Wissenschaftlich/pragmatisch
- Eine wissenschaftlich orientierte Evaluation setzt den Anspruch, dass Theorien, Methoden und Standards eines wissenschaftlichen Gebietes in die Evaluation eingehen.
- Pragmatische Evaluation bezieht sich möglichst direkt auf die Bedürfnisse und die Problematiken eines Projektes.
Diese Unterscheidung bezieht sich auf den Anschluss an *Wissenschaft*.

Dennoch wird jeder Evaluationsansatz auf allen der genannten Dimensionen Entscheidungen zu treffen haben. Wir wollen dies im vorliegenden Zusammenhang auf ein Projekt beziehen, das im Schulbereich durchgeführt wurde. Der Auftrag lautete, eine Pilotschule zu evaluieren, welche ein spezielles Gewaltprojekt zusammen mit Sozialarbeitenden durchführte («Projekt Schulsozialarbeit»). Dieses sollte weitere Hinweise für die Generalisierung von gewaltpräventiven Massnahmen an Schulen der Sekundarstufe I geben.

Formativ/summativ: Das Projekt war einerseits formativ angelegt, da Lehrkräfte und Sozialarbeiterinnen vom Evaluationsteam immer wieder Rückmeldungen über den Stand der Arbeit erhielten und daraus ihr eigenes Projekt schon während des Aufbaus optimieren konnten. Dies wurde noch durch die Tatsache verstärkt, dass sie Instrumente zur Selbstevaluation zur Verfügung erhielten, die sie in eigener Regie anwenden konnten. Gleichzeit ging es aber auch um eine summative Bewertung des Projekts am Ende der Projektphase. Zu diesem Zeitpunkt sollte ein Bericht an die auftraggebenden Behörden abgeliefert werden, der Empfehlungen für die Weiterentwicklung des Projektes auf Normalschulen hin enthalten sollte.

Intern/extern: Es handelte sich hier ganz klar um eine Fremdevaluation, da externe Fachleute mit der begleitenden Evaluation betraut wurden.

Distanziert/interaktiv: Grundsätzlich waren die Forschenden «Aussenseiter», die das Projekt aus einer gewissen Distanz begleiteten. Durch die vielen notwendigen Besuche veränderte sich dieses Verhältnis bis in Richtung Interaktion. So entwickelte sich bei den Evaluierenden ein Interesse an der Arbeit der Schulen und sie wurden zu einem gewissen Grad auch deren Berater/innen.

Wissenschaftlich/pragmatisch: Die Evaluation war insgesamt pragmatisch auf die Bedürfnisse der Praxis bezogen. Der Schlussbericht nahm allerdings auch Bezug auf wissenschaftliche Überlegungen zur Gewaltprävention und versuchte, auf diese Weise Anschlüsse an den wissenschaftlichen Diskurs zu realisieren.

Es kann hilfreich sein, sich in konkreten Projekten in analoger Weise die Frage nach der Verortung des eigenen Projektes zu stellen. Denn dadurch wird deutlicher, welche Position(en) die Evaluation in einem Projekt einnimmt, und es können auch Widersprüche bewusst werden, die man damit eingeht – etwa wenn man als externe Evaluationsgruppe gleichzeitig seinen Auftraggebern und den Interessen der Mitglieder der Projektgruppe dienen will.

Aktionsforschung

Aktionsforschung liegt dann vor, wenn Wissenschaft und Praxis gemeinsam ein Projekt entwickeln und durchführen. Die Forschenden begleiten also z.B. die Entwicklung eines neuen Handlungskonzeptes in einem Erziehungsheim oder die Einführung des Werkstattunterrichts in der Schule und kooperieren eng mit den Praktikerinnen und Praktikern. Handeln und Forschen sind dabei in einen wechselseitig aufeinander bezogenen («zyklischen») Prozess eingebunden: Aus Forschungsaktivitäten ergeben sich neue Handlungsorientierungen und ein Handeln, das in einer nächsten Phase erforscht wird. Das Resultat dieser Forschungsaktivität führt wiederum zur Überprüfung der Handlungsorientierungen etc. Das könnte z.B. so aussehen:

Zyklus I
- Die Praktiker/innen planen das neue Handlungskonzept.
- Sie erhalten von den Forschenden ein Feedback zur wissenschaftlichen Seite.
- Es wird vereinbart, dass die an der Realisierung Beteiligten ein Projektjournal führen.

Zyklus II
- Die Praktiker/innen beginnen mit dem ersten Schritt der Realisierung.
- In einem Auswertungsgespräch wird – diesmal allein von den Praktiker/-innen – diskutiert, ob die Erwartungen erfüllt wurden. Einige offene Fragen werden an die Forschenden weitergegeben.
- Als Ergebnis wird ein zweiter – leicht veränderter – Handlungsschritt geplant.

Zyklus III
- Schritt II wird durchgeführt.
- Die Forschenden führen Interviews mit den Eltern, weil einige der offenen Fragen mit deren Haltung zusammenhängen.
- Im Auswertungsgespräch tragen die Forschenden ihre Resultate vor.
- Im Beisein der Forschenden wird aufgrund des Projektjournals eine erste Zwischenbilanz gezogen.
- Die nächste wiederum aufgrund der Erfahrungen veränderte Projektphase wird geplant ...

Deutlich wird an diesem Beispiel: Kooperation zwischen Forschenden und Praktiker/innen muss nicht bedeuten, dass alle überall dabei sind. Vielmehr ist es wichtig, die einzelnen Rollen und Aufgaben am Anfang klar zu definieren. Vor allem muss klar bleiben, dass die Praktiker/innen als professionelle Berufsleute für ihre Tätigkeit selbst verantwortlich bleiben.

Gleichzeitig ist es auch problematisch, von vornherein zu unterstellen, dass in solchen Projekten eine verschworene Gemeinschaft von Forschenden und Praktiker/innen besteht. Zwar ist eine grundsätzliche Solidarität sicher notwendig. Darüber hinaus geht es aber oft, dass man Kompromisse sucht, damit beide Seiten ein Stück weit auf ihre Kosten kommen.

Dies wird an einem Projekt deutlich, welches eine Sozialpädagogin im Rahmen der Agenda 21, deren lokale Verantwortliche sie war, durchführte. Sie baute mit einer Elterninitiative im Rahmen von Aktionsforschung einen Spielplatz auf. An diesem Projekt fallen folgende Aspekte auf:
- *Interessen müssen nicht immer gleich sein.* Die Eltern wünschten sich für

ihre Kinder einen Spielplatz und setzten sich dafür ein. Die Sozialpädagogin förderte dieses Ziel, hatte aber gleichzeitig auch das Interesse, mit diesem Projekt die Agenda 21 zu unterstützen und Kommunikation zwischen den Betroffenen zu entwickeln.
- *Forschungsfrage und praktische Intentionen können variieren.* Während es den Eltern um den konkreten Spielplatz ging, lautete die Forschungsfrage der Sozialpädagogin, ob durch dieses Projekt die Kommunikation als Basis des bürgerschaftlichen Engagements zur aktiven Gestaltung des Lebensumfeldes gefördert werde.
- *Es gibt eine Arbeitsteilung zwischen Forschenden und Betroffenen.* Die Eltern waren zwar bereit, bei der Forschung mitzuwirken, indem sie Fragen beantworteten und sich interviewen liessen. Sonst hatten sie an der Konzeption und Durchführung des Forschungsteils kaum einen Anteil. Umgekehrt war die Sozialpädagogin zwar bei der Konzeption des Spielplatzes dabei, legte aber bei der konkreten Umsetzung nur ausnahmsweise selbst Hand an. Dafür übernahm sie einen Grossteil der Öffentlichkeitsarbeit.

Ein stark diskutiertes Problem im Rahmen der Aktionsforschung ist die heimliche Dominanz der Forschenden, denn oft stammte die Idee zu solchen Projekten von den aussenstehenden Wissenschaftler/innen, welche aufgrund ihrer Theorien eigentlich bereits wussten, was zu tun war. Gerade im Bereich der Schule fühlten sich Lehrkräfte durch eine solche Aktionsforschung ausgenützt und selbst wiederum bevormundet. Anstatt in solchen Projekten als Experten für das konkrete Unterrichtshandeln mitzuwirken, fanden sich die Praktiker/innen in der Rolle der dauernd Belehrten wieder.

Auf diesem Hintergrund entstand in den Neunzigerjahren – vor allem in England und Österreich – eine «neue Lehrerforschung». Ihr ging es darum, dass Lehrkräfte ihre Praxis autonom erforschen und von Aussenstehenden höchstens als «kritische Freunde» begleitet werden. Altrichter/Posch zitieren in diesem Zusammenhang John Elliott als einen der bekanntesten englischen Exponenten dieser Bewegung: «Aktionsforschung ist die systematische Untersuchung beruflicher Situationen, die von Lehrerinnen und Lehrern selbst durchgeführt wird, in der Absicht, diese zu verbessern.» (Altrichter/Posch 2006, S. 13).

Problematisch werden die Bestrebungen dort, wo einzelne Vertreter/innen dieser Position die Lehrerforschung als neue Form einer wissenschaftlichen Forschung sehen, die direkt mit der Praxis verbunden ist – im Sinne einer «living theory» (Whitehead 1989), die Forschende über ihre Reflexionsarbeit entwickeln. Praxistheorie wird so zum neuen alternativen Wissenschaftsparadigma erhoben.

Doch die Praxis solcher Forschungsprojekte zeigt oft, dass wissenschaftliche Ziele nicht erreicht werden. Liest man solche Studien, so gleichen sie manchmal verblüffend Erfahrungsberichten aus der Praxis. Supervisionserfahrungen oder eine Beschreibung von Lernprozessen in einer sozialen Institution gelten dann bereits als anspruchsvolle Forschung. Der Anschluss an wissenschaftliche Konzepte oder der Einbezug theoriegerierender Elemente fehlen dagegen weitgehend. Deutlich wird dies etwa an einem Beispiel von Altrichter/Posch, die berichten, wie ein Lehrerteam die Klagen von Eltern behandelte, dass ihre Kinder zu wenig Freizeit hätten: «Im Laufe eines Schuljahrs ergeben sich an einzelnen Schulen immer wieder Konstellationen – von der ‹lästigen› Kleinigkeit bis zum Problem, das sich immer wieder störend bemerkbar macht –, die einzelne Lehrer nicht in individueller Anstrengung schnell bereinigen können.» (Altrichter/Posch, 2006, S. 274). Nach einer Diagnose des Problems, in deren Verlauf deutlich wird, dass die Belastung der Schüler/innen über die Woche sehr ungleich ist, werden Lösungen gesucht, um den Unterricht besser zu verteilen; insbesonders sollen am Dienstag und Donnerstag – den «neuralgischen Tagen» – nicht in allen wichtigen Fächern Hausaufgaben erteilt werden. Durch diese gemeinsame «Forschungsarbeit» ergibt sich bei den Lehrern mit der Zeit ein vertieftes Problembewusstsein. So wird im Lehrkörper häufiger über die organisatorische Einbindung von Übungsphasen in den Unterricht gesprochen – ohne dass allerdings eine völlig einheitliche Sicht der Problematik entsteht. Auf einer ähnlich konkreten Ebene sind im Übrigen auch viele Beispiele der englischen Lehrer-Aktionsforschung angesiedelt.

Wie ist diese Art von Lehrerforschung zu beurteilen? Altrichter/Posch kommentieren dazu: «Was haben eigentlich diese Lehrer getan? Eigentlich nichts Besonderes. Sie haben sich mit einem schulischen Problem, so wie es immer wieder auftreten kann, in ernsthafter Weise beschäftigt. Sie haben keine Sofortlösung aus dem Ärmel gezaubert, sondern sind gleichsam einen Schritt zurückgetreten. Sie haben sich die Sache genauer angesehen und haben einige zusätzliche Informationen, die ihnen nicht unmittelbar präsent waren, eingeholt.» (Altrichter/Posch, 2006, S. 277).

Doch wo ist hier ein Erkenntnisgewinn, der über die blosse Praxisreflexion hinausführt? An welche didaktischen Theorien wird Anschluss gesucht, ohne auf der Plausibilitätsebene des Alltagsverstehens stehen zu bleiben? Aufgrund solcher Forschungen ein neues Verständnis von Wissenschaft zu entwickeln, erscheint mir schwierig – zumal die Definition dessen, was Wissenschaft ist, ohnehin nicht in der Praxis geschieht. So ist es nicht verwunderlich, dass diese Form der Aktionsforschung – mangels Anschlüssen an wissenschaftliche Forschung – von Hochschullehrpersonen schon als Micky-Maus-Forschung bezeichnet wurde.

Anders ist es indessen, wenn man diese Lehrerforschung als eine eigene Form einer professionellen Praxis betrachtet, die in ihren Institutionen eine systematische Reflexion selbst einzubauen beginnt. Hier können solche Formen von Lehrerforschung – ähnliche Entwicklungen sind auch in Berufen wie der Krankenpflege und der sozialen Arbeit im Gang – durchaus wertvolle Mittel der Praxisreflexion sein. Solche Formen der Aktionsforschung können also dort methodische Impulse geben, wo Lehrerkräfte, Sozialarbeiter/innen etc. ein neues Selbstverständnis als «reflective practicioners» entwickeln (vgl. Schön 1983).

Wir wollen also solche Forschungen keineswegs als solche in Bausch und Bogen verwerfen. Vielmehr geht es darum, diese in ihren Grenzen zu sehen – als legitime Möglichkeiten, wie sich Praxis selbst reflektiert. Mit einer Professionalisierung des pädagogischen Handelns, die Institutionsentwicklung auch in den Einzelschulen oder in sozialpädagogischen Einrichtungen auf die Agenda setzt, werden diese Verfahren zudem immer wichtiger (auch ohne dass sie sich einen wissenschaftlichen Anstrich geben).

Dennoch wäre es wünschenswert, vermehrt auch Aktionsforschungsprojekte anzutreffen, welche sich dem Spannungsverhältnis zwischen Theorie und Praxissystem stellen und bewusst auch über die Kooperation von (wissenschaftlichen) Forscher/innen und Praktiker/innen Anschlüsse an beide Systeme herzustellen versuchen.

Hinweis: Auch Evaluationen können Elemente von Aktionsforschung beinhalten. Einen interessanten Ansatz in diese Richtung hat in den USA David Fettermann unter dem Stichwort «empowerment evaluation» entworfen. Er definiert sein Konzept wie folgt: «Empowerment Evaluation bezeichnet die Nutzung von Konzepten, Techniken und Ergebnissen der Evaluation, um die Verbesserung und Selbstverantwortlichkeit zu unterstützen. Sie benutzt sowohl quantitative wie qualitative Methoden. Obwohl sie auf Individuen angewendet werden kann, stehen Organisationen (sowohl auf intra- wie interorganisationeller Ebene), Gemeinschaften und Kulturen im Zentrum ihres Programms.» (Fettermann, 1996, S. 4).

Fettermann betont dabei, dass die Empowerment Evaluation eine klare Orientierung an Werten habe – nämlich sie sei so angelegt, dass sie den Menschen helfe, sich selbst zu helfen und ihre Programme zu verbessern, indem sie eine Form von Selbstevaluation und Reflexion bevorzuge. Dabei werde die Evaluation Teil einer unterstützenden Mitarbeit. Denn ein/e Evaluator/in könne prinzipiell nicht andere dazu bringen, seine/ihre eigenen Kräfte zu nutzen («empower»), vielmehr müssten dies die Menschen selbst tun – unter Assistenz und mit Beratung. In seinem Buch stellt Fettermann ein Vier-Schritte-Programm dar, wie eine «empowerment evaluation» durchgeführt wird:
- *Schritt 1*: Erstellen einer Auslegeordnung, indem die verschiedenen As-

pekte des Programms auf einer 10er-Skala möglichst genau bewertet werden.
- *Schritt 2*: Entwickeln von Zielsetzungen zusammen mit den Teilnehmenden, um niedrig eingeschätzte Programmteile zu verbessern.
- *Schritt 3:* Die Teilnehmenden wählen Strategien und entwickeln sie, um diese Ziele zu erreichen.
- *Schritt 4*: Der Arbeitsprozess wird dokumentiert, damit er am Schluss überprüft werden kann. Die Dokumentation muss, so Fettermann (1996), glaubhaft und streng sein, damit sie die Kritik entkräften könne, die Selbstevaluation diene nur sich selbst.

Die Planung von Forschungsprojekten

Von einem «Werkzeugkoffer» erwartet man vor allem eine Beschreibung von Instrumenten. So steht auch in diesem Buch die Darstellung von geeigneten Forschungsmethoden für die Praxisforschung im Mittelpunkt. Dennoch ist es nötig, auf einige Regeln zu verweisen, die bei der Konzipierung eines Forschungsdesigns und der Anwendung von Methoden zu berücksichtigen sind. Diese beziehen sich konzeptuell auf die theoretischen Überlegungen des vorangehenden Kapitels und konkretisieren dieses auf eine Anleitung zum Forschungshandeln hin. Vor allem die nachfolgenden Aspekte sollten in jedem Planungsprozess mit überlegt werden.

1. Fünf allgemeine Prinzipien der Forschungsplanung

Sampling
Die Zusammensetzung der Gruppen, die untersucht werden, ist sorgfältig zu planen (sog. «sampling»).
Bei quantitativen Forschungsprojekten ist die Bildung der zu untersuchenden Gruppe relativ klar geregelt: Jedes Statistik-Lehrbuch erklärt, wie man Stichproben bildet und mit diesen arbeitet. Grundsätzlich geht es dabei um eine Auswahl nach dem Prinzip des Zufalls. Alle Personen einer Grundgesamtheit von Personen sollten die gleiche Chance haben, in die Stichprobe aufgenommen zu werden. Auch im Rahmen qualitativer Forschungsprojekte kann man mit Zufallsauswahlen arbeiten. Daneben gilt aber auch:

1. Das theoretische Sampling
Bei diesem entscheidet der/die Forschende nach der Auswertung von einer Reihe erster Daten, welche Daten er/sie nun sammeln will und wo diese zu finden sind. Es wird also aufgrund erster Daten schrittweise ein Stück Theoriebildung geleistet, um dann darauf bezogen neue Daten zu generieren, welche wiederum die Theorieentwicklung weitertreiben.

Man will zum Beispiel untersuchen, warum Kinder Pokemon-Bildchen sammeln, und beschliesst, in einer Schulklasse jene fünf Kinder zu interviewen, welche die meisten solcher Bildchen besitzen. Nach einer ersten Auswertung der Interviews fällt den Forschenden auf, dass die Motive der zwei befragten Mädchen sich von denen der Jungen unterscheiden. Sie beschliessen, nun gezielt noch drei weitere Mädchen zu befragen, um daran ihre (neue) These von geschlechtsspezifischen Differenzen zu überprüfen.

Eine Variante des theoretischen Samplings ist die Suche nach Gegenbeispielen. Dabei werden die theoretischen Überlegungen so formuliert, dass die negativen Fälle den/die Forscher/in dazu veranlassen, diese zurückzuweisen oder zu revidieren bzw. zu differenzieren. Kelle/Kluge beschreiben diese Verfahren: «Danach werden entscheidende Fälle gesucht, Fälle in denen die Wahrscheinlichkeit hoch ist, dass sie ein Gegenbeispiel zur Ausgangshypothese erzeugen. Werden Gegenbeispiele entdeckt, die sich mit der Ausgangshypothese nicht in Einklang bringen lassen, muss diese umformuliert und modifiziert werden. Die auf diese Weise modifizierte Hypothese muss jedoch präziser sein als ihre Vorgängerin und so formuliert, dass sie weiterhin mit dem Datenmaterial in Konflikt geraten kann. Dieser Vorgang wird so lange wiederholt, bis keine Gegenbeispiele mehr gefunden werden.» (Kelle/Kluge, 2008, S. 43).

Der Schluss dieses Zitats zeigt auch, wann man beim theoretischen Sampling berechtigt ist, den Forschungsprozess abzubrechen: Dann nämlich, wenn die Sättigung («saturation») erreicht ist bzw. wenn man annehmen kann, dass weitere hinzugenommene Fälle die eigene Theorie nicht mehr entscheidend verändern werden. Allerdings ist dieser Abbruch letztlich nie frei von Willkür; denn niemand kann garantieren, dass der nächste beigezogene Fall nochmals entscheidend neue Facetten enthielte.

2. Das zielgerichtete Sampling
Hier werden inhaltliche Kriterien entwickelt, um die Untersuchungseinheiten (Gruppen, Personen) auszuwählen:
- Es kann sinnvoll sein, allein jene Personen auszuwählen, die als *Experten* und *Expertinnen* gelten. Dabei können einem Insider bei der Auswahl helfen – etwa indem die Sozialarbeiter/innen eines Jugendhauses jene Kids benennen, die der Szene der Graffities-Sprayer angehören.
- Man interessiert sich vor allem für *extreme und abweichende Fälle* (schwer Drogenabhängige, extrem leistungsorientierte Schüler/innen etc).
- Es werden «*typische Fälle*» ausgewählt, um gleichsam Herrn und Frau Jedermann im Forschungsprojekt zu untersuchen.
- Man wählt aus einer Gruppe die Personen nach dem Kriterium des *Zufalls* aus.
- Aufgrund *theoriegeleiteter Überlegungen* werden bestimmte Merkmale zur Bildung einer Untersuchungsgruppe wichtig (z.B. die Gleichverteilung von Jungen und Mädchen).
- Man bezieht gezielt die *wichtigsten Rollenvertreter/innen* ein (z.B. bei ei-

ner Schulevaluation: Schulleiter/in, Lehrer/innen, eine Schüler/innengruppe, Eltern).

Entscheidend ist in jedem Fall, dass man seine Auswahl bewusst und aufgrund von klaren Forschungsüberlegungen trifft. Dabei kann es einmal darum gehen, dass man stärker Kriterien wählt, die eine Generalisierung ermöglichen (z.B. von «typischen» Fällen auf eine Gesamtheit von Fällen). Oder man möchte eher eine Vertiefung der Problematik erreichen (etwa wenn man an «extremen» Fällen zu ergründen versucht, was alles noch an bisher übersehenen Aspekten «dahinter» stecken könnte).

Stimmigkeit
Die Methoden sind gezielt auf vorgängig erarbeitete Fragestellungen hin einzusetzen.

Im Allgemeinen wird man nicht alle der im Folgenden beschriebenen elf Forschungsmethoden gleichzeitig für eine Untersuchung einsetzen. Aus diesem Grund ist im Sinne des Gütekriteriums der «Stimmigkeit» eine Auswahl nötig, die nach folgenden Kriterien erfolgen sollte:
- Was will ich mit einer bestimmten Methode erfassen (Untersuchungsziel)?
- Warum ist Methode X geeigneter als Methode Y?
- Falsch wäre es also, mit wahllos herausgegriffenen Methoden auf die Forschungspirsch zu gehen.

Triangulation
Eine Behauptung ist besser abgesichert, wenn sie im Fadenkreuz der Triangulation von mehreren Seiten her bestätigt werden kann.

Unter Triangulation versteht man jenes aus der Vermessungstechnik stammende Verfahren, nach welchem ein Schnittpunkt von mehreren Ausgangspunkten her eindeutig bestimmt werden kann. Die Triangulation kann aber auch helfen, Widersprüche und Unstimmigkeiten zu entdecken, indem zwei eingesetzte Methoden unterschiedliche Resultate ergeben:

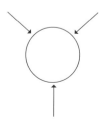

Anstatt also eine Behauptung mit einer einzigen Forschungsmethode abzuklären, wählt man verschiedenen Verfahren (z.B. Soziogramm und Interviews), um den Sachverhalt «mehrperspektivisch» von unterschiedlichen Blickrichtungen her zu beleuchten. Ergeben sich Übereinstimmungen aus verschiedenen Perspektiven, erhärtet sich die anfangs aufgestellte Behauptung.

Triangulationen können nach zwei Prinzipien organisiert werden:
- Verschiedene Perspektiven werden durch unterschiedliche methodische Zugriffe «eingeholt».
- Verschiedene Wahrnehmungsperspektiven erscheinen über den Einbezug von unterschiedlichen Rollenträgern (z.B. Eltern – Kind – Sozialarbeiterin; Sozialpädagoge – Klientin – externer Beobachter).

Neben der methodischen gibt es auch die theoretische Triangulation. Man versucht hier, sich den Daten von unterschiedlichen Theorien und Hypothesen her zu nähern. Damit wird es möglich, deren Erklärungskraft und Nützlichkeit zu überprüfen.

Vom Prinzip der Forschungsökonomie her muss man allerdings die Mittel oft konzentrieren. So wählt man jene Methode, die am meisten für die Beantwortung einer Forschungsfrage verspricht, als Leitmethode und überlegt dann, welche weiteren Instrumente diese sinnvoll ergänzen. Von den zeitlichen Ressourcen her erhält die Leitmethode einen klaren Vorrang; die übrigen sind dieser deutlich nachgeordnet und dürfen nicht zu aufwändig sein.

Nehmen wir an, wir befragen Jugendliche zu ihrem Fernsehverhalten. Hier wird es primär um qualitative Forschung – z.B. fokussierte oder Gruppeninterviews – gehen, wenn wir wissen wollen, aus welchen Gründen bzw. mit welchen Sinnzuschreibungen die Befragten die von ihnen bevorzugten Sendungen anschauen bzw. welche Bedürfnisse sie dabei zu befriedigen versuchen, und wie dies ihren speziellen Lebenskontext beeinflusst. So wählen wir Fokus-Gruppen-Interviews als Leitmethode. Allerdings kann es zur breiteren Verankerung der Ergebnisse sinnvoll sein, darüber hinaus eine grössere Anzahl von Personen mittels eines geschlossenen Fragebogens zu ihrem Nutzungsverhalten zu befragen. Das festgestellte Nutzungsverhalten – so wäre die leitende Hypothese – sollte dann die Ergebnisse der qualitativen Studie stützen und umgekehrt. Zur weiteren Ergänzung des Datenmaterials werten wir im Sinne einer Sekundäranalyse auch die neusten uns zugänglichen Publikumsumfragen aus, welche deutschsprachige Fernsehanstalten selbst in Auftrag gegeben haben.

Member Check
Es kann oft sinnvoll sein, Forschungsresultate im Sinne eines Daten-Feedbacks an die Betroffenen zurückzugeben («member check»).

Wenn man z.B. Interviews auswertet, kann es hilfreich sein, die Resultate den Interviewten zu Überprüfung vorzulegen. Denn die «Richtigkeit» von Interpretationen kann von niemandem besser beurteilt werden als von den Interviewten. Auf dieser Überlegung basiert die sogenannte «kommunikative Validierung» von Forschungsresultaten (im angelsächsischen Raum wird dies als «member checking» diskutiert).

Doch so einfach ist es leider nicht in jedem Fall. Denn oft sind die Selbstwahrnehmungen verzerrt und die Interviewten deshalb nicht unbedingt die besten Interpreten ihrer eigenen Aussagen. Sind die Forschenden zu Resultaten gekommen, die für die Interviewten unangenehme Wahrheiten darstellen, so kann das Member Checking im schlimmsten Fall zu einem fruchtlosen Hickhack zwischen den beiden Seiten ausarten.

Dennoch kann die Rückgabe der Resultate an die Betroffenen eine Quelle sein, welche das Vertrauen in die Daten im Sinne der Adäquatheit erhöhen kann. In manchen Forschungsprojekten hat es sich bewährt, dass die Bewertung der Betroffenen im Anhang vollständig und unzensuriert abgedruckt wird. Dort wo die Meinungen differieren, können sich dann die Leser/innen dieser Studie selbst ein Bild über die abweichenden Positionen machen bzw. das Resultat der Unstimmigkeiten interpretieren.

In der Praxisforschung ist der Member Check zudem generell auch forschungspolitisch wichtig. Die Rückgabe der Daten bedeutet für die Betroffenen, dass sie mit dem Forschungsresultat konfrontiert werden und sich damit auseinander setzen müssen. So können kritische Punkte diskutiert und Vorbehalte ausgeräumt werden. Denn nichts kann für die Glaubwürdigkeit der Forschenden so problematisch sein, wie wenn nach der Veröffentlichung der Projektergebnisse die Befragten nachträglich behaupten, alles sei an den Haaren beigezogen und sie hätten sich zur Interpretation der Forschenden nie äussern können. Gerade in Evaluationsprojekten ist dies nicht selten eine blosse Verteidigungsstrategie, die durch ein Member Checking verhindert werden kann.

Eine wichtige Funktion erhält das Daten-Feedback in der Aktionsforschung, wo es systematisch als Teil der Forschungsstrategie eingesetzt wird: Aus der Auseinandersetzung mit den Forschungsresultaten entwickeln die Betroffenen neue Handlungsstrategien.

Computernutzung
Da bei Praxisforschung häufig grosse Datenmengen anfallen, sollte der Computer effektiv genutzt werden.

Was in irgendeiner Form dokumentiert wird, sollte wenn immer möglich bereits von Anfang an auf dem Computer eingegeben und dort gespeichert werden (z.B. auf einer Projektdiskette oder in einem speziellen Verzeichnis auf der Festplatte). Dies hat mehrere Gründe:
1. Das gesamte Material kann auf diese Weise übersichtlich in Unterordnern zusammengefasst werden, so dass es jederzeit für die Weiterbearbeitung zur Verfügung steht. Damit haben die am Projekt Beteiligten auch jederzeit einen Überblick über den jeweiligen Stand des Gesamtprojekts: Mit einer «Suche- und Finde-Funktion», wie sie in Windows oder Mac integriert ist, können auch jederzeit einzelne Textstellen über Suchbegriffe aufgefunden werden.
2. Qualitative Auswertungen (z.B. von Protokollen, transkribierten Interviews etc.) können über Computerprogramme wie MAXqda oder ATLAS.TI vorgenommen werden. Dies ist einfacher, wenn die Rohtexte bereits als Datenfiles vorliegen und nur noch ins Programm eingelesen werden müssen.
3. Auszüge aus dem Dokumentationsmaterial müssen bei der Abfassung des Schlussberichts nur noch in den Text hineinkopiert werden und müssen nicht nochmals neu getippt werden. Dies spart Zeit und hilft auch, Abschreibefehler zu vermeiden.

2. Die Entwicklung von Forschungsideen

Wenn man einen Forschungsauftrag erhalten oder eine Idee hat, was man erforschen will, so geht es darum, diese erste Idee zu einem Projekt zu konkretisieren. Dies ist eine kreative Arbeit, bei der viele Überlegungen und Ideen entwickelt und wieder verworfen werden.

Eine gute Möglichkeit ist es, dazu Mind Maps zu erstellen, die Raum für Spontaneität geben, gleichzeitig aber auch helfen, das Projekt zu strukturieren.

Man beginnt damit, dass man die Bezeichnung des Projektes in einen Kreis in die Mitte setzt. Im vorliegenden Beispiel geht es um ein Projekt «Portfolio Medienbildung», in welchem untersucht werden soll, über welche Medienkompetenzen Studierende der Lehrerbildung an ihrem Studienbeginn verfügen. An diesen inneren Kreis werden Äste und Unteräste angehängt, welche Dimensionen beschreiben, die im Projekt aufzunehmen sind.

Auf der linken Seite sind die eher methodischen Aspekte aufgeführt:
- Welche Forschungsmethoden in Frage kommen (die Fragezeichen weisen darauf hin, dass man sich noch nicht entschieden hat).
- Wichtige Literatur, die zu bearbeiten ist.

Die Planung von Forschungsprojekten

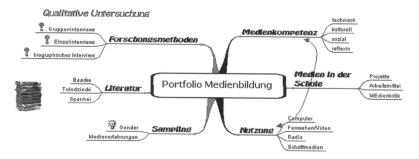

- Einige Überlegungen zum Sampling (etwa der Gender-Aspekt, der besonders wichtig sein könnte).

Rechts geht es um die inhaltlichen Gesichtspunkte des Forschungsdesigns:
- Welche Aspekte der Medienkompetenz wichtig sind.
- In welcher Form mit Medien in der Schule vorrangig gearbeitet wird.
- Welche Medien im Rahmen einer Analyse der Nutzung zu berücksichtigen sind.

Ein Pfeil verweist darauf, dass insbesondere auch auf den Zusammenhang von Nutzung und Medienkompetenz zu achten ist.

Diese Mind Map kann beliebig weiter ausgebaut und verfeinert werden. Es gibt die Struktur eines Projektes anschaulich auf einen Blick wieder. Besonders fruchtbar ist es, wenn mehrere Personen an einer Mind Map arbeiten und eine Forschungsgruppe Schritt für Schritt das Projektdesign entwickelt, indem die Teilnehmenden Vorschläge als neue Äste einwerfen bis hin zu Unterzweigen probeweise ausarbeiten, dann wieder verwerfen, wieder einen neuen Ast einfügen etc.

Mind Maps können «von Hand» auf Plakate geschrieben werden; neuerdings gibt es auch Computerprogramme wie z.B. das für das oben stehende Beispiel benutzte Programm MindManager, welche es erlauben, die Maps auf dem Bildschirm zu entwickeln (vgl. den Link auf der Webseite zu diesem Buch auf S. 147). Besonders einfach ist es hier, Äste wieder zu löschen, Zweige zu verschieben etc. Auch auf dem Bildschirm ist Gruppenarbeit (in manchen Programmen sogar über interne Vernetzung oder über das Internet) möglich und sinnvoll. Das oben dargestellte Beispiel, welches auf dem Computer entstanden ist, zeigt, dass die Veranschaulichung durch weitere Effekte unterstützt wird: Schrifttypen, Farben, Symbole, Bildchen etc.

Mit einer aussagekräftigen Mind Map wird der nächste Schritt sehr erleichtert, nämlich die Erstellung einer eigentlichen Projektskizze, welche inhaltlich und chronologisch den Ablauf eines Projektes beschreibt.

3. Die Erstellung einer Projektskizze

Es empfiehlt sich, zu Beginn eines Forschungsprojektes eine Projektskizze zu erstellen. Diese sollte eine Diagnose des Projektfeldes, eine Beschreibung des methodischen Designs und eine Terminplanung enthalten. Die Projektskizze kann in Forschungsseminaren als Diskussionsgrundlage dienen, aber auch nach der abgeschlossenen Forschungsarbeit als Grundlage zu einer rückblickenden Prozessreflexion dienen. Besonders wichtig ist die Terminplanung, welche im Verlauf des Forschungsprozesses immer wieder überprüft und gegebenenfalls revidiert wird.

1. Welches ist die Problemstellung Ihres Forschungsprojekts bzw. was wollen Sie damit erreichen, aufzeigen etc.?
2. Versuchen Sie, Ihr Forschungsfeld zu beschreiben (Akteure, institutionelle Regelungen, Konflikte, Machtstrukturen etc.).
   – Wer wird Sie unterstützen?
   – Wo sehen Sie Widerstände?
   – Wie planen Sie das «Sampling»?
3. Handelt es sich bei der geplanten Studie um:
   – eine Praxisuntersuchung?
   – eine Evaluationsstudie?
   – ein Aktionsforschungsprojekt?
   Bitte begründen Sie diese Entscheidung kurz.
4. Welches sind die Hypothesen und Vermutungen, denen Sie in Ihrem Projekt nachgehen wollen?
5. Welche Fachliteratur ziehen Sie bei? Geben Sie die drei bis vier wichtigsten Titel an.
6. Welche Forschungsmethode(n) werden Sie einsetzen? (kurze Begründung).
7. Skizzieren Sie kurz die von Ihnen gewählte(n) Auswertungsmethode(n).
8. Terminplanung:

Arbeitsschritte	beendet bis

4. Forschung im Spannungsfeld politischer Interessen

Besonders in der Aktionsforschung ist es klar, dass Forschung auch politische Aspekte umfasst: Geht es doch darum, praktische Veränderungen in einem gesellschaftlichen Handlungsfeld anzuleiten und zu begleiten. In einem Projekt eines Aufbaustudiengangs an der Evangelischen Fachhochschule in Darmstadt begleitete ein Jugendarbeiter den Konflikt eines Jugendzentrums mit den Anwohnern in Ludwigshafen. Wie stark er dabei auch mit der kommunalen Politik in Berührung kam, macht das folgende – durchaus positiv zu interpretierende – Fazit deutlich: «Da die Stadt annimmt, dass unser Projekt massgeblich zu einer Beruhigung der Situation am Kirchplatz beitrug und weiterhin beiträgt, war sie direkt bereit, uns die beantragten EUR 12 000 für den Ausbau der Jugendarbeit zu bewilligen.» Aber auch Praxisuntersuchungen oder Evaluationsstudien sind in das politische Kalkül von einem oder mehreren Interessenvertretern eingebettet. So ist es nicht unwahrscheinlich, dass eine Evaluationsstudie in Auftrag gegeben wird, um die Weiterfinanzierung eines Projekts abzusichern (oder auch, um Argumente in die Hand zu bekommen, die eine sang- und klanglose Beerdigung ermöglichen).

Praxisforschung ist denn auch in aller Regel kaum ein Unternehmen, das um der «reinen Wissenschaft» willen durchgeführt wird. Jede/r Forschende tut gut daran, sich darüber klar zu werden, welche Rolle ihm/ihr im politischen Prozess zugedacht ist.

Dennoch bedeutet dies nicht, dass die Forschenden zum blossen Spielball von externen Interessen werden müssen. Denn auch sie können versuchen, Unterstützung für ihr Anliegen zu mobilisieren. Einige hilfreiche politische Strategien sollen hier im Anschluss an Carol L. Williams (1996) aufgeführt werden (siehe folgende Seite).

Einige Aspekte dieser Tabelle sollen im Folgenden noch etwas eingehender besprochen werden.

Strategien	Zeitpunkt der Anwendung	Techniken
Bündnispartner suchen	Projektentwicklung	Schlüsselpersonen suchen, die aktive Mitverantwortung für das Projekt übernehmen (z.B im Kreis der Auftraggeber, der Praktiker etc.)
	Beginn der Arbeit im Feld	Klare Vereinbarungen zum Forschungsprojekt treffen.
Meinungsführer identifizieren	Während des Forschungsprozesses	Schlüsselpersonen als Berater und Vermittler von Beziehungen im Feld in Anspruch nehmen. Meinungsführer für eine erste Rückgabe und Diskussion der Daten benützen (Member Checks). Sie bewusst als Personen einsetzen, welche die Forschungsresultate weiter verbreiten können.
Persönliche Glaubwürdigkeit und positive Beziehung zu den Teilnehmern und Teilnehmerinnen am Forschungsprojekt herstellen	Beginn der Arbeit im Feld und dann während des ganzen Prozesses	Sich Zeit nehmen, um die Teilnehmer und Teilnehmerinnen kennen zu lernen. Absichten und Ziele des Projektes transparent darstellen. Auf alle Fragen und Unsicherheiten eingehen.
Forschungsresultate neben dem schriftlichen Bericht auch im persönlichen Gespräch darstellen und erläutern	Abschluss des Projekts	Gespräch(e) mit den verschiedenen Interessengruppen vereinbaren (z.B. Auftraggebern und Teilnehmern und Teilnehmerinnen). Sich ernsthaft mit Kritik auseinandersetzen.

Der Forschungskontrakt

In jedem Fall empfiehlt es sich, mit dem jeweiligen Auftraggeber bzw. der Institution, in welcher das Forschungsprojekt angesiedelt ist, einen Forschungskontrakt abzuschliessen, in welchem die gegenseitigen Erwartungen festgehalten sind. Dies betrifft:

- die Ziele eines Projektes
- die Form der Kooperation
- die Finanzierung des Projektes
- die Termine (z.B. Erhebungsphasen, Abgabe des Berichtes).

Es hat sich auch bei kleinen Studienprojekten gezeigt, dass es sinnvoll ist, eine möglichst klare Vereinbarung abzuschliessen, um spätere Konflikte zu vermeiden, wie sie in folgenden Aussagen von Auftraggebern zum Ausdruck kommen.

«Hätten wir gewusst, was man bei der Teilnahme an diesem Projekt alles erwartet, wäre dieses für uns nie in Frage gekommen. Insgesamt hat es uns nur Unruhe gebracht.»

«Es ist etwas völlig anderes herausgekommen, als wir uns vorstellten.»

«Diese Beobachtungen, welche durchgeführt wurden, waren gerade die falsche Methode, um das herauszufinden, was uns hier wichtig ist. Hätte man auch uns befragt, wäre es einfach gewesen, zu erklären, was wirklich abläuft.»

Ein klarer Forschungskontrakt kann mindestens dazu beitragen, die unausgesprochenen Erwartungen auf den Tisch zu bringen und zu klären. Und das wiederum ist in gutes Mittel, um unnötigen Frust zu verhindern.

> **Aufgabe:** Wie weit Praxisforschung auch politisches Handeln darstellt bzw. darstellen kann, wird in meinem Buch «Grundlagen der Praxisforschung» diskutiert (Moser 1995, S. 234–240). Überlegen Sie sich anhand des angegebenen Textausschnittes, was man mit einem Aktionsforschungsprojekt diesbezüglich erreichen kann.

Der Einstieg ins Feld

Besonders wichtig ist der Einstieg ins Forschungsfeld. Von ihm hängt oft schon ab, ob man am Schluss Resultate vorweisen kann, die sich interpretieren lassen. Negativbeispiele sind z.B.

- Telefonumfragen, mit welchen Interviewer nach Zufall x-beliebige Menschen nach dem Zufallskriterium befragen. Die Gefahr ist hier gross, dass sich die Angerufenen belästigt vorkommen und die Befragenden in erster Linie wieder loswerden wollen. Entsprechend vertrauenswürdig sind dann oft die Antworten.
- Fragebogen, welche von Forschenden z.B. an Schulen geschickt werden. Lehrkräfte, die ohnehin schon häufig befragt werden, reagieren oft verärgert: «Schon wieder ein Fragebogen – ich habe auch noch anderes zu tun!». In Konsequenz ist dann die Rücklaufquote so tief, dass sich die wenigen ausgefüllten Fragebögen kaum mehr auswerten lassen.

Wesentlich ist es, dass man zu Beginn Vertrauen schafft und die Personen, welche in eine Untersuchung einbezogen werden, so weit über das Forschungsprojekt informiert, dass sie selber von der Wichtigkeit überzeugt sind. So erhalten sie das Gefühl, selbst einen Beitrag zu einem wichtigen Unterfangen zu leisten.

Meist reicht dazu ein schriftliches Begleitschreiben zu einem Fragebogen oder ein Telefon mit einem/einer Schulleiter/in oder Vorgesetzten im Sozialamt nicht aus. Es empfiehlt sich, persönlich vorzusprechen und das eigene Anliegen kurz darzustellen. So wird ein direkter Kontakt geschaffen und hinter dem Fragebogen stehen dann Personen aus Fleisch und Blut, denen man auch Bedenken vortragen oder Fragen stellen kann.

Noch wichtiger ist ein geglückter Einstieg dort, wo man – wie in der Feldforschung – in einem völlig fremden Setting arbeitet und die Regeln dieser fremden Lebenswelt zu entdecken versucht. Hier wird man nur dann eine dichte Beschreibung eines Forschungsfeldes erreichen, wenn man über Gewährspersonen verfügt, die einen darin einführen. Auch der bereits erwähnte Whyte, der ein Immigrantenviertel in Boston untersuchen wollte, versuchte zuerst eine oder zwei Vertrauenspersonen zu finden. Er sprach Leute in einer Bar an und fand so den Führer einer Strassenbande mit dem Spitzamen Doc, der dann zu einer zentralen Figur für die gesamte Forschungsstudie wurde. Roland Girtler, einer der wenigen deutschsprachigen Feldforscher, der Obdachlose, Dirnen und andere Randgruppen untersucht hat, schreibt zu diesem Thema: «Es gehört zu den grossen Glücksmomenten eines Forschers, wenn er einen solchen Menschen gefunden hat, der ihm gute Zugänge zum Gruppenleben zu ermöglichen vermag. Meist bedarf es einiger Zeit des Herumtastens, bis man eine entsprechende Kontaktperson trifft. Man wird zunächst versuchen, möglichst viele Mitglieder zu kontaktieren und ihnen eventuell von dem Forschungsvorhaben zu erzählen, dies alles in der Hoffnung, Leute kennen zu lernen, die den Feldforscher in die ihn interessierende Kultur einführen, ihn mit diversen Leuten bekannt und ihn auf ein eventuelles Fehlverhalten, welches störend wirken kann, aufmerksam machen.» (Girtler 2001, S. 84).

Aber auch dann, wenn es «lediglich» um Leitfaden-Interviews geht, in denen die Befragten über ihre eigenen Angelegenheiten ausführlich Auskunft geben müssen, kann eine Gewährsperson, welche gleichsam die Türen öffnet, ausserordentlich wichtig sein. Sie schafft das Vertrauen, das notwendig ist, damit sich die Befragten die Zeit für ein solches – oft sehr intensives und persönliches – Gespräch nehmen und sich dabei auch offen und ohne Reserven äussern. Das kann z.B. auch der Auftraggeber sein – z.B. ein/e Schulleiter/-in, der oder die die Lehrkräfte auffordert, sich dem Forschenden doch für ein Interview zur Verfügung zu stellen, wobei er/sie gleichzeitig versichert, nach seinen/ihren Erfahrungen könne man diesem problemlos vertrauen. Ein Sonderfall liegt dort vor, wo der Forschende ein Insider ist, der in der eigenen Institution ein Projekt durchführt. Das kann zum Beispiel eine Diplomarbeit im Rahmen eines Nachdiplomsstudium sein oder ein internes Evaluationsprojekt, mit welchem ein/e Mitarbeiter/in betraut wurde. Wichtig ist in solchen Fällen, dass die Rollen von allem Anfang an klar sind und der forschende Kollege nicht als Spion der Leitung betrachtet wird, der die Mitarbeiter/innen ausforschen soll. Das bedeutet insbesondere, dass die Ziele und Absichten eines solchen Forschungsvorhabens transparent sind, damit nicht Gerüchte und unbegründete Vermutungen kursieren. Insbesondere muss deutlich gemacht werden, dass alle Aussagen der Mitarbeiter/innen vertraulich und anonym bleiben.

5. Die Forschungsrollen

Nicht nur über die politische Komponente ist die Forschung im Alltag verankert. Darüber hinaus kann immer wieder festgestellt werden, dass Forscher/-innen mit und in ihren Forschungsprojekten ganz unterschiedliche Rollen wahrnehmen – als Lehrer/innen und Vermittler/innen von Wissen, als Advokaten für eine gute Sache oder als Mithandelnde.

Allerdings gibt es unterschiedliche Meinungen darüber, welche dieser Rollen der Forschung besser oder weniger angemessen sind. So gab es in der Vergangenheit grosse Auseinandersetzungen darüber, inwieweit der/die Forscher/in auch als Advokat/in einer bestimmten Meinung auftreten darf oder wie weit er/sie auch selbst Agent/in sein soll. Es wäre interessant, in diesem Zusammenhang die Stärken und Schwächen der einzelnen Rollen genauer zu diskutieren.

Die Darstellung auf Seite 60 gibt einige Rollen wieder, die Forschende häufig einnehmen; sie ist aber nicht abschliessend. So sind Forschende manchmal auch Therapeuten, Seelsorgerinnen, Schauspieler/innen etc.

Rolle	Aktivitätsbereich	Beispiel (Forschung im Drogenbereich)
Rolle eines Lehrers	Informieren, belehren, Wissen vermitteln.	Information von Lesern, Institutionen über die Rückfallquote im untersuchten Gebiet.
Rolle eines Advokaten	Stellung nehmen für etwas, eine Auffassung mit Daten untermauern.	Mit der Forschungsarbeit die ärztliche Abgabe von Heroin unterstützen.
Rolle eines Beraters	Hinweise geben, Hilfestellung geben, beraten.	Hinweise geben, wie das Projekt verbessert werden könnte.
Rolle eines Evaluators	Bewerten, Vor-, Nachteile, Stärken und Schwächen aufzeigen.	Stärken und Schwächen des bisherigen Drogenberatungskonzeptes überprüfen.
Rolle eines Biografen	Geschichte (Lebensläufe) von Personen oder Institutionen darstellen, Strukturbedingungen einer Biografie herausarbeiten.	Aufarbeitung von Fixer-Schicksalen und darauf bezogenen Gefährdungspotenzialen.
Rolle eines Interpreten	Bedeutung zuschreiben, in einen sinnhaften Zusammenhang (z.B. der Wissenschaft) stellen.	Drogengebrauch der befragten Personen mittels psychoanalytischer Modelle erklären.
Rolle eines Agenten	Empfehlungen aussprechen, Handlungskonsequenzen ziehen und umsetzen, Bei Veränderungen mitwirken.	Ausarbeitung und Umsetzung eines neuen Entzugskonzepts mit den Drogenberatern.

In: *Weiterführung der Überlegungen* von Robert E. Stake, The Art of Case Study Research, Thousand Oaks 1995, S. 105

Der Forschungsbericht

Die Berichterstattung, die am Schluss eines Forschungs- oder Evaluationsprojektes steht, verlangt oft grosse Sensibilität, wenn sie bei den Betroffenen auch ankommen will. So werden die Auftraggeber wenig Freude an einem Evaluationsbericht haben, der an ihrem Pilotprojekt, von dem sie bisher grosse Stücke hielten, keinen guten Faden lässt. Auf der anderen Seite können

die Evaluierenden, die sich möglicherweise bewusst sind, dass man eigentlich von ihnen einen positiven Bericht erwartet, dieses Projekt auch nicht «schönreden». Hilfreich sind für die Berichterstattung deshalb folgende Regeln:
- **Es ist möglichst nicht zu pauschalisieren, also in Bausch und Bogen zu verwerfen oder vorschnell zu verallgemeinern.**
- **Der Bericht sollte gegenüber seinem Forschungsgegenstand eine Wertschätzung zeigen. Bei einer Projektevaluation sollte man deshalb zuerst einmal das Engagement herausheben und die Anstrengungen würdigen, welche gemacht wurden. Die Personen, die «beforscht» wurden, sollten das Gefühl erhalten, fair und gerecht behandelt worden zu sein.**
- **Auf dem Hintergrund einer wertschätzenden Haltung ist es dann auch eher möglich, differenziert Kritik zu äussern oder Verhaltensweisen zu hinterfragen. Allerdings sollten Forschende dabei berücksichtigen, dass sie Berichterstatter sind und keine Richter – auch wenn die Botschaft, die sie überbringen, nicht immer allen angenehm sein kann.**
- **Ein Forschungsbericht, der aufgrund einer dichten Beschreibung seines Gegenstandes verfasst wird, sollte dies auch spürbar machen: Wörtliche Zitate aus Interviews, Protokollauszüge, Fotos etc. geben dem Bericht eine Authentizität, die zum Lesen anreizt und überzeugend wirkt.**

Im Weiteren empfiehlt es sich, die wichtigsten Ergebnisse der Forschungsarbeit dem Bericht in einer Zusammenfassung (summary) von zwei bis drei Seiten voranzustellen (vielleicht sogar auf farbigem Papier). Denn es kann oft nicht erwartet werden, dass alle Personen, die von einem Forschungsprojekt Kenntnis nehmen müssen, Zeit haben, den Bericht vollständig durchzulesen und zu studieren. Für diese kann deshalb eine kurze und präzise Zusammenfassung der Hauptergebnisse sehr hilfreich sein. Forschende, die dagegen einwenden, dass ihre Arbeit nur zu verstehen sei, wenn man sich gründlich und ausführlich darauf einlasse, müssten immerhin eines bedenken: Wenn ihre Arbeit nicht wenigstens in der Kurzfassung zur Kenntnis genommen und bloss schubladisiert wird, erhält sie auch keine öffentliche oder fachinterne Wirksamkeit. Zum Schluss ist auf die formalen Anforderungen an Forschungsarbeiten zu verweisen:
- Die benutzte Literatur ist ist ordnungsgemäss zu zitieren und am Schluss der Arbeit in einem Literaturverzeichnis zusammenzufassen. Dabei gibt es unterschiedliche Konventionen und Zitierregeln. Veröffentlicht man z.B. eine Arbeit in einem Verlag, so kann man sich dort erkundigen, ob er bestimmte Regeln für die Gestaltung der Publikation verlangt.
- Thesen und Aussagen fremder Autoren dürfen nicht ohne Quellenangabe wiedergegeben werden. Wer eine fremde Theorie ohne Herkunftsangabe wiedergibt, begeht eine Form des geistigen Diebstahls.

- Es ist legitim, wichtige Aussagen aus der Fachliteratur wörtlich zu zitieren, damit sie durch eigene Formulierungen nicht verfälscht werden. Allerdings sollten sich solche Zitate auf wenige Zeilen beschränken. Unerlaubt ist es dagegen, einfach seitenlang aus fremden Werken abzuschreiben.
- Für die Leserschaft ist ein klarer Aufbau einer Arbeit hilfreich – mit Haupt- und Unterkapiteln und einer entsprechenden Nummerierung.
- Anmerkungen können helfen, einen Text zu entschlacken und Dinge, die mehr Kommentar als zum Verständnis notwendige Essentials darstellen, aus dem Lauftext herauszuhalten. Allerdings ist zu vermeiden, dass die Anmerkungen ins Uferlose anschwellen.
- Für manche Autorinnen ist ein Stil besonders «wissenschaftlich», der mit «könnte», «würde», «wäre möglich», «scheint» operiert – bis alles hinter dem Schleier der Unverbindlichkeit verschwindet. Wo es zulässig ist, sollten klare und eindeutige Aussagen formuliert werden.

Tipp: Für Anfänger/innen kann es hilfreich sein, sich am Bericht eines anerkannten Forschers oder einer Forscherin zu orientieren und die eigene Arbeit nach diesem Muster aufzubauen.

Die zehn gröbsten Fehler von Anfängern und Anfängerinnen ...

... in der quantitativen Forschung

1. Die Macht der Zahlen
Man glaubt oft, dass nichts so überzeugend wirke wie Zahlen und Prozente. So hört es sich besonders vertrauenerweckend an, wenn man berichtet: 70 Prozent der Untersuchten äusserten sich für das Strafen in der Erziehung und 30 Prozent dagegen. Allerdings wird dies bei kleinen Befragtenzahlen schnell problematisch. Nehmen wir an, im gerade dargestellten Fall hätte man 10 Mütter befragt. Wenn nur zwei Personen mehr dagegen votiert hätten, so lautete das Ergebnis: 50 Prozent dafür und gleich viel dagegen. Überzeugender werden solche Resultate im Übrigen auch dann nicht, wenn man den Computer dazu noch ein Kuchen- oder Balkendiagramm entwerfen lässt. Aber auch wenn man im Heim X alle 40 oder 50 Eltern von Heimkindern befragen würde, stellte sich die Frage: Wofür stehen diese Eltern? Jedenfalls wäre es unzulässig zu behaupten, sie repräsentierten generell die Einstellung «der» Eltern zum Strafen in der Erziehung. Vielmehr müsste man diese Aussagen einschränken auf die Einstellung der Eltern des befragten Erziehungsheimes.

2. Der Fragebogen-Reflex
Wenn Anfänger/innen im Studium eine kleine Forschungsarbeit durchführen müssen, so ist ihre erste Reaktion häufig: «Machen wir doch einen (geschlossenen) Fragebogen!» Man stellt sich vor, dass dies am einfachsten sei, weil man nach dem Verschicken nur warten muss, bis einem die ausgefüllten Bögen wie reife Trauben in den Schoss fallen. Als einzige Arbeit bleibt dann noch übrig, die angekreuzten Antworten auszuzählen. Dabei vergisst man allerdings zweierlei: Oft ist es ganz schwierig, eine genügende Rücklaufquote zu erhalten, so dass es zu einer nervenaufreibenden Plackerei werden kann, die Bögen wieder einzutreiben. Zweitens aber bleiben standardisierte Fragebogen-Antworten oft an der Oberfläche – was manchmal erst dann so richtig deutlich wird, wenn man die ausgezählten Resultate zu interpretieren sucht. Was heisst es etwa, wenn sich in einem Fragebogen 75 Prozent für das Strafen in der Erziehung und 35 Prozent dagegen aussprechen? Wären die Antwortenden bei allen Verstössen für das Aussprechen einer Strafe oder

nur bei bestimmten? Was verstehen Sie überhaupt unter «Strafe» (Körperstrafe, Ausschimpfen, Sühne etc.)?

3. Das Formulieren von Fragen

Oft scheitern Anfänger/innen an der Kunst, Fragen zu formulieren, die nicht von vornherein die Antworten suggestiv verfälschen – wie im folgenden Beispiel: «Finden Sie, dass man heute noch strafen darf?» Die negative Bewertung des Fragenden wird hier gleich mitgeliefert. Manchmal aber formuliert man Fragen auch zu kompliziert und ist dann überrascht, dass ein Grossteil der Befragten das Antwort-Kästchen leer lässt. Deshalb ist es ganz wichtig, dass man Fragen von Kollegen kritisch gegenlesen lässt und ausserdem mit Angehörigen der Gruppe, die man befragen will, auf ihre Verständlichkeit hin überprüft.

4. Einfach mal hinschauen ...

Mit Fragebogen oder Interviews kann man Leute nach Dingen fragen, die einen als Forschenden interessieren. Das erscheint trivial. Gefährlich aber ist es, wenn man selbst über den zur Diskussion stehenden Sachverhalt nichts weiss und hofft, in seiner Forschung etwas darüber zu erfahren. Geschlossene Fragebogen sind nur dann fruchtbar, wenn man – ausgehend von Hypothesen und Vermutungen – ganz gezielt Frage-Items entwickelt. Ist dies nicht geschehen, wird es oft schwierig, die Daten zu interpretieren, vor allem wenn sie auch noch den Erwartungen widersprechen. Das gilt im Übrigen ähnlich für Beobachtungen. Auch hier soll man nicht einfach einmal etwas «anschauen», das man nicht kennt. Vielmehr wird man im allgemeinen mit gezielten Fragestellungen – und oft auch mit einem Beobachtungsraster – ins Feld gehen. Unabdingbar ist es deshalb, dass man sich schon vor der empirischen Untersuchung durch Fachliteratur zu seinem Thema kundig macht.

5. Die kausale Erklärung

Überall wo mit Korrelationen gearbeitet wird, handelt es sich um Zusammenhänge und um keine kausalen Erklärungen. Den Irrtum belegt das in der methodologischen Diskussion immer wieder zitierte Beispiel von den Störchen und den Kindern. So konnte gezeigt werden, dass die Geburtenrate immer dann am höchsten ist, wenn die Störche aus ihrem Winterquartier nach Hause kommen. Sicher wird hier niemand auf die kausale Erklärung verfallen, dass der Storch die Kinder bringt («Weil der Storch die Kinder bringt, ist die Geburtenrate so hoch»). Sondern man würde sich bemühen aufzuzeigen, dass ein Zusammenspiel ganz anderer Hintergrundvariablen für den scheinbar so eindeutigen Zusammenhang verantwortlich zu machen ist.

... in der qualitativen Forschung

6. Der Sammeltrieb
Bei qualitativer Forschungsarbeit kommen sehr rasch umfangreiche Sammlungen von Dokumenten zusammen. Wer nicht von Anfang an genau plant, welche Daten er wozu braucht, kann leicht vor einer Datenhalde stehen, die kaum mehr zu bewältigen ist. Dies haben z.b. Aktionsforschungsprojekte erlebt, die ihre Forschungsprozesse eifrigst dokumentierten, am Schluss dann aber kaum mehr Zeit fanden, um das angefallene Material noch seriös auszuwerten. Wesentlich ist es deshalb, sich schon zu Beginn zu überlegen, welche Informationen man benötigt und in welcher Projektphase sie ausgewertet werden.

7. Rosinen picken
Steht man ratlos vor dem grossen Datenberg (etwa vor 300 Seiten getipptem Interviewmaterial), den man mit seinen Interviews produziert hat, so mag es naheliegen, sich auf jene Aussagen zu konzentrieren, die einem als erster Eindruck im Befragungsprozess geblieben sind. Man konzentriert sich also auf diese, sucht zusätzlich einige passenden Zitate aus dem Material und schreibt damit den Bericht. Neue und überraschende Ideen, welche den Theoriebildungs-Prozess befruchten könnten, sind bei einem solchen Vorgehen kaum zu erwarten. Fazit: Auch wenn man als Interviewer bei allen Interviews dabei war, heisst das nicht, dass man aus diesem Grund auf eine nachträgliche systematische Auswertung der Daten verzichten darf.

8. Die Dürre der Darstellung
Eine Stärke der qualitativen Forschung ist es, dass «dichte», aussagekräftige und plastische Beschreibungen und Äusserungen von Befragten zusammenkommen, die viel mehr sagen als die dürre theoretische Sprache des Interpreten oder der Interpretin. Doch oft schöpfen die Forschenden diese Informationsquelle in ihren Berichten nicht aus. Anstatt für ein Ergebnis die wichtigsten Aussagen ausführlich und im wörtlichen Originalton zu zitieren, beschränken sie sich auf eine paraphrasierende Kurzzusammenfassung («Die Aussagen machen deutlich, dass Eltern die Strafe heute als zwiespältiges Erziehungsmittel ansehen ...»).

9. Vorschnelle Verallgemeinerungen
Es ist gewiss auch das Ziel von qualitativer Forschung, über den beschriebenen Fall hinaus «typische» oder «allgemeine» Erkenntnisse zu gewinnen. Trotzdem besteht die Gefahr, dass man aus seinen zwei oder drei Fällen unvermittelt auf die allgemeine Ebene übergeht und jede Vorsicht bei der In-

terpretation fallen lässt («Unsere Fallstudie hat gezeigt, dass Alkoholiker ...»). Bei wenigen Fällen muss man immer damit rechnen, dass man Personen befragt, die aus irgendwelchen Gründen ganz untypisch für die Gruppe sind, die man eigentlich im Auge hatte – so dass man dadurch auf eine ganz falsche Spur kommt.

10. Die Hoffnung auf den Computer

Die Auswertung von qualitativem Datenmaterial ist oft eine sehr komplexe Sache. Deshalb hofft man auf die Eingebungen eines Computerprogramms zur qualitativen Datenanalyse. Doch diese Programme interpretieren selbst keine Texte, sie helfen nur bei der Aufbereitung des Materials. Deshalb ist es nach wie vor notwendig, sich inhaltlich auf seinem Gebiet sachkundig zu machen, um interessante Fragestellungen und Ideen an das Datenmaterial heranzutragen, die dann im Rahmen des Auswertungsprozesses beantwortet bzw. weiter vertieft werden.

Die einzelnen Methoden

Im Folgenden wird es darum gehen, eine Anzahl bewährter Methoden für die Praxisforschung vorzustellen. Gleich anschliessend beginnen wir mit einer kurzen Übersicht, während die detaillierte Darstellung in den dazu verfassten einzelnen Abschnitten erfolgt. Von der Reihenfolge her stehen jene Verfahren am Anfang, die eher dokumentarisch ausgerichtet sind. Sie dienen dazu, Prozesse zu beschreiben, während die gegen Schluss genannten eher benutzt werden, um ausgewählte Fragestellungen zu bearbeiten, die von den Forschenden gezielt an den «Gegenstand» herangetragen werden. So hilft etwa ein Projektjournal, einen Aktionsforschungsprozess und seine Phasen zu dokumentieren, während Focus-Gruppen gebildet werden, wenn gezielt Einstellungen zu einem bestimmten Problemkreis untersucht werden sollen. Wie es im einleitenden Teil dieses Buches beschrieben wurde, stehen die einzelnen Methoden nicht isoliert für sich. Man wird oft mit mehr als einer einzigen Methode arbeiten; denn das Ziel ist es, über eine systematische Methoden-Triangulation eine möglichst dichte Beschreibung des Forschungsgegenstandes zu erreichen. Der Reichtum der darin verarbeiteten Informationen und Erfahrungen erleichtert es, aus dem Datenmaterial bedeutsame und weiterführende Schlüsse zu ziehen. Eingehender beschrieben werden in diesem Kapitel die nachfolgenden Verfahren.

Projektjournal
Es enthält zwei Spalten: Links wird abwechslungsweise von einem/einer Forschenden jeder Schritt des Projektes möglichst sachlich beschrieben. Die rechte Spalte ist für Kommentare von Seiten der übrigen Mitglieder der Forschungsgruppe gedacht.

Persönliches Projekttagebuch
Es wird von jedem Mitarbeiter und jeder Mitarbeiterin geführt und beinhaltet persönliche Bemerkungen, die nach jedem Schritt/jeder Sitzung individuell notiert werden. Fragen könnten sein:
- Was habe ich heute beigetragen?
- Wer hat heute dominiert und wie fühlte ich mich dabei?
- Kann ich zum heutigen Ergebnis stehen?
- Welches wären die Alternativen gewesen?

Feldnotizen

Wer im Rahmen einer so genannten «teilnehmenden Beobachtung» forscht, wird oft auf sein Gedächtnis als Instrument angewiesen sein. So werden die Beobachtungen anschliessend möglichst genau protokolliert. Wesentlich ist, dass diese Aufzeichnungen ausführlich und detailliert erfolgen, so dass sich daraus eine dichte Beschreibung der Forschungssituation ergibt.

Erhebung von statistischen Kenndaten

Hier geht es um zahlenmässig zu erfassende Daten wie: Anzahl der Besucher und Besucherinnen eines Anlasses, Alter der Klienten und Klientinnen, Verteilung auf die Geschlechter. Um solche Daten zu generieren, können auch Instrumente wie Stimmungsbarometer oder Soziogramme eingesetzt werden.

Portfolios

Es handelt sich um eine Zusammenstellung von Dokumenten, welche die eigene Arbeit belegen. Die Sammlung des Materials erfolgt nach Kriterien, welche die Forschenden vorgeben. Ziel ist eine möglichst reiche und detaillierte Selbstdarstellung von Individuen oder von Institutionen.

Ton- und Videodokumentationen von bestimmten Szenen und Situationen

Diese können als Texte aufgefasst und dann inhaltsanalytisch auf bestimmte Kategorien hin untersucht werden.

Protokolle von Sitzungen, Gesprächen, Akten

Protokolle liegen in Institutionen und Projektgruppen oft schon ohne Zutun der Forscher/innen vor. Je nachdem handelt es sich um Protokolle
- des Wortlauts der Redebeiträge,
- der Quintessenz des jeweiligen individuellen Beitrages,
- der Beschlüsse.

Die Auswertung solcher Protokolle kann einen Einblick in das Innenleben einer Institution geben, der auf andere Weise nicht erreicht werden kann.

Tagebücher

In Tagebüchern beschreiben die in einen Forschungsprozess einbezogenen Personen – oft aufgrund gezielter Vorgaben – Aktivitäten ihres Alltags (z.B. als Lerntagebuch oder als tägliche Aufzeichnung im Rahmen eines Drogenentzugs).

Selbstanalysen
Mit Hilfe der Forschenden, welche moderierend mitwirken, nehmen die Angehörigen einer Gruppe eine Situationseinschätzung vor. Dabei ist ein systematisches Vorgehen wichtig, wie es z.B. über Methoden wie die SOFT-Analyse oder eine moderierte Kartenabfrage möglich ist.

Qualitative Interviews
Dazu gehören «fokussierte» Interviews mit Schüsselpersonen wie eine Gruppe von Deutschlehrer/innen, Schülern oder Eltern, die aufgrund eines Leitfadens gezielt zu einem bestimmten Thema befragt werden. Neben dem fokussierten Interview werden wir auf das «narrative» eingehen, welches den Befragten biografisch gefärbte Erzählungen entlockt, die anschliessend ausgewertet werden.

«Focus-Gruppen»
Es handelt sich um eine spezielle Form von Gruppen-Interviews, um die Bedeutung zu erarbeiten, die bestimmten Themen bei ausgewählten Bezugsgruppen zukommt. Merkmal dieser Methode ist es, mehrere speziell ausgewählte Gruppen von 6-10 Teilnehmer/innen in einer hintereinander geschalteten Serie von Gruppengesprächen diskutieren zu lassen.

Schriftliche Befragung
Mit solchen Erhebungen können viele Leute erreicht werden, und die Auswertung lässt sich nach quantitativen Gesichtspunkten standardisieren. Im Unterschied zum qualitativen Interview interessiert in den Antworten der Befragten mehr die Breite als die (individuelle) Vertiefung. Neben der Entwicklung konventioneller Fragebögen werden wir auch auf die Konzipierung von Online-Befragungen eingehen (S. 131ff.).

Strukturierte Beobachtung (nach einem Raster)
Die Beobachtungskategorien werden vorgängig nach der interessierenden Fragestellung bzw. den Hypothesen festgelegt. Der Raster soll so eindeutig sein, dass verschiedene Personen zu demselben Ergebnis kommen (was z.B. anhand einer Videoaufnahme, die von verschiedenen Beobachtenden kodiert wird, geschehen kann).

Daneben gibt es eine Fülle weiterer Forschungsmethoden, die für spezielle Fragestellungen geeignet sind. Dazu ist auf die entsprechende Fachliteratur zu verweisen (vgl. die Literaturhinweise am Schluss).

1. Projektjournal

Tagebuchartige Aufzeichnungen haben sich in Projekten als sehr nützlich erwiesen. Sie sind vielleicht auch deshalb so beliebt, weil das Schreiben eines Tagebuchs eine Fertigkeit ist, die einem bereits aus dem Alltag vertraut ist. Vor allem kann durch eine solche Aufzeichnung die Kontinuität eines Projekts und der zusammenhängende chronologische Ablauf betont werden.

Das Projektjournal enthält zwei Spalten:
- Links wird – unter Angabe des jeweiligen Datums – abwechslungsweise durch die Mitarbeiter/innen aufgezeichnet, was aktuell passiert. Dabei können auch zusätzliche Materialien eingeklebt werden: Zeitungsausschnitte, Flugblätter, Fotos, die Zusammenfassung der wichtigsten Ergebnisse eines Protokolls.
- Auf der rechten Spalte erscheinen die Kommentare der Mitarbeiter/innen des Projekts. Diese sollen spontan und aus dem Moment heraus geschrieben werden, wobei auch Kommentare zu bereits vorliegenden Kommentaren erlaubt sind. Alle Beteiligten verpflichten sich, regelmässig (z.b. vierzehntäglich) ins Projektjournal Einsicht zu nehmen und ihren Kommentar abzugeben.

Damit erhält das Projektjournal zwei Funktionen: Indem die am Projekt Beteiligten immer wieder darin nachlesen, wird ihr Blick auf den Projektprozess geschärft. Dieser wird aus ihrer persönlichen Warte reflektiert und bewertet. Gleichzeitig ist das Projektjournal eine Quelle für die formelle Projektevaluation. Es gibt einen detaillierten Überblick über den Projektverlauf und weist darüber hinaus über die Kommentare der Mitarbeiter/innen auf Probleme, Konflikte, Höhe- und Tiefpunkte hin.

Empfehlenswert ist es, mit der Analyse des Projektjournals nicht bis zum Abschluss des Projektes zuzuwarten, sondern das Journal von Zeit zu Zeit im Sinne einer «formativen» Evaluation durchzuarbeiten. Fragen können dabei sein: Gibt es immer wiederkehrende Probleme oder Konfliktmuster? Ist der Zeitrahmen eingehalten? Lässt sich über das Zutreffen der Hypothesen etwas aussagen? Werden Aspekte deutlich, die bis anhin im Projekt vernachlässigt werden?

Die einzelnen Methoden

Projektjournal

Datum:

Blatt-Nummer:

Heutiges Arbeitsziel:

Was heute geschah (anonym)	Persönliche Bewertungen
1.	
2.	
3.	

2. Projekttagebuch

Eine zweite tagebuchartige Form der Aufzeichnung sind Projekttagebücher, die privat und individuell von allen Mitarbeiter/innen geführt werden. Diese dienen zur persönlichen Auseinandersetzung mit dem Projekt, indem Dinge, die einen beschäftigen, weitergeführt und vertieft werden können. Gegenstand des Tagebuchs kann alles sein, was einen bewegt und einem hilft, die Situation besser zu verstehen: Beobachtungen, Gefühle, Reaktionen, Interpretationen, Reflexionen, (Vor-)Ahnungen, Befürchtungen, Hypothesen und Erklärungen. Der Feldforscher Roland Girtler meint dazu: «Parallel zu den Protokollen empfiehlt es sich, eine Art Tagebuch zu führen, in welchem man kurz bzw. stichwortartig Bemerkungen zum Fortgang der Forschung festhält. In dieses Tagebuch gehören u.a. die Telefonnummern bzw. Adressen von wichtigen Kontaktleuten, Gedanken zum Vorgehen des Forschers, Hinweise auf eventuelle Forschungsergebnisse, die emotionale Betroffenheit wie Ärger von Personen u.a. Am Ende der Forschung kann ein Blick in so ein Tagebuch recht nützlich sein, da es im nachhinein dem Forscher wieder gewisse Zusammenhänge klarlegt, die er vielleicht schon vergessen hat.» (Girtler, 2001, S. 133).

Ein solches Tagebuch sollte regelmässig geführt werden (z.B. jeden Tag, nach jedem Projekttermin etc.). Die Form kann ganz frei sein oder auch etwas strukturierter. Für den zweiten Fall ist im Anschluss eine Vorlage abgedruckt, die durch die damit verbundene Strukturierung später die systematische Auswertung erleichtert. Projekttagebücher sind nämlich nach unserer Meinung systematisch auszuwerten, da sie wichtige Informationen über den Projektverlauf enthalten. In diesem Sinne sollten die Mitarbeiter/innen bereit sein, ihre Aufzeichnungen den Evaluator/innen zur Verfügung zu stellen. Ihre Aufgabe ist es, aus den subjektiven Situationsdeutungen der Tagebuchschreiber/innen übergreifende Gesichtspunkte und allgemeine Kategorien herauszuarbeiten.

Tipp: Dies kann sehr gut mit der Hilfe eines Computerprogramms wie MAXqda oder ATLAS.ti geschehen. Will man diese Möglichkeit nutzen, wäre zu überlegen, ob nicht bereits die Tagebuchführung am Computer erfolgen soll.

Mein Projekttagebuch

Datum:

Heute ging es um:

Welches waren die Aufsteller?
(was einfach gut war, Lust und Motivation verstärkte und mich weiterbrachte)

Was sind die «Knacknüsse»?
(meine Ängste und Zweifel, wo ich Schwierigkeiten sehe, was noch zu lösen ist)

Welches waren die «Zitronen»?
(was mich genervt hat, was schief gelaufen ist, wo ich schwarz sehe)

Wo ging ein Licht auf?
(die neuen Erkenntnisse, die ich gewann, aber auch neue Fragen, die der Erklärung bedürfen)

Einschränkend muss betont werden, dass von anderen Autoren und Autorinnen der private Nutzen des Tagebuchs betont wird. Wichtig ist dann die persönliche Reflexion bzw. das, was einen durch das eigene Nachdenken und Schreiben weiterbringt. So äussern sich zum Beispiel Altrichter und Posch: «Das ändert nichts daran, dass Tagebücher private Produkte sind. Die Entscheidung, Teile daraus anderen zugänglich zu machen, sollte immer beim Verfasser bleiben.» (Altrichter/Posch, 2006, S. 21). Ob das Tagebuch eine «öffentlich-evaluative» Funktion oder eine rein «private» Funktion hat, sollte zu Beginn der Arbeit ausdrücklich vereinbart werden. Denn je nach Festlegung wird der Inhalt des Tagebuchs ganz anders ausfallen.

3. Feldnotizen

Für Feldforscher/innen, die im Rahmen einer «teilnehmenden Beobachtung» am Leben einer bestimmten Gruppe teilnehmen, ist es oft die zentralste Methode, das von ihnen Beobachtete zu protokollieren und präzise aufzuschreiben.

Fragestellungen sind: Auf welche Weise handeln die Mitglieder der beobachtenden Gruppe? Wie gestalten sich die Interaktionen zwischen den Mitgliedern? Wie reagieren sie auf die Aussenwelt (vgl. auch Girtler, 2001, S. 155)?

Dabei ist zu berücksichtigen, dass der Forscher bzw. die Forscherin nicht einfach alles beobachten kann, was passiert. Denn der menschliche Beobachter ist keine Videokamera und verfügt nur über ein eingeschränktes «Blickfeld». Aus diesem Grund müssen die Beobachtenden zu Beginn jene Perspektive festlegen, aus welcher ihre Arbeit erfolgt.

Die folgende Checkliste (nach Erlandson u.a., 1993) gibt Hinweise auf wichtige Aspekte für die Beobachtung:

Setting: Wie sieht die physische Situation aus? In welchem Kontext steht sie? Welche Verhaltensweisen werden durch das Setting gefördert oder verhindert?

Die Teilnehmer/innen: Beschreiben Sie, wer in der Szene anwesend ist, wie viele Personen und ihre Rollen. Was bringt die Personen zusammen? Wem ist es erlaubt, anwesend zu sein?

Aktivitäten und Interaktionen: Was geschieht? Gibt es eine definierbare Abfolge von Aktivitäten? Wie sind die anwesenden Personen auf diese Aktivität bezogen, und wie interagieren sie miteinander? Wie sind die Personen und Aktivitäten miteinander verbunden?

Häufigkeit und Dauer: Wann begann die Situation? Wie lange dauert sie? Ist es ein Situationstyp, der sich wiederholt ereignet, oder ist er einmalig?

Wenn er sich wiederholt: wie häufig? Wie typisch für solche Situationen ist die jetzige Beobachtung?

Verdeckte Faktoren: Weniger offensichtlich doch vielleicht ebenso wichtig für die Beobachtung sind:
- informelle und ungeplante Aktivitäten,
- symbolische und konnotative Bedeutung von Wörtern,
- nichtverbale Kommunikation – etwa über Kleider, Gestik, Mimik etc.
- das, was nicht geschieht – vor allem, wenn es eigentlich geschehen sollte.

Eine wichtige Entscheidung ist zudem, inwieweit der Beobachter oder die Beobachterin seine oder ihre Rolle öffentlich macht. Für die Praxisforschung scheinen dabei jene in der Literatur erwähnten Verfahren meist problematisch, wo die Beobachtenden versteckt protokollieren und ihre «Objekte» nicht über ihre Absichten informieren. Allerdings kann es vorkommen, dass man in einer öffentlichen Situation – z.B. einem Pausenplatz – beobachtet, ohne dass dies alle Beteiligten wissen. Immerhin sollten in diesem Fall mindestens Schulleitung und Lehrerschaft informiert sein.

Wesentlich für das Protokollieren von Ereignissen ist:

Die beobachteten Ereignisse sind möglichst unmittelbar danach aufzuzeichnen. So betont etwa Girtler, dass er sich bemühe, das Beobachtete bereits unmittelbar nach der Ankunft zuhause aufzuzeichnen. Denn er befürchte, am nächsten Tag vielleicht wesentliche Momente der sozialen Situation, an der er teilgenommen habe, bereits vergessen zu haben.

Die Protokollierung ist deshalb so wichtig, weil es meist kaum zu realisieren ist, im Rahmen des Beobachtens mit technischen Medien wie Tonband oder Video zu arbeiten. Die Forschenden sind deshalb auf ihr Gedächtnis als wichtigsten Speicher für die Ereignisse angewiesen. Sollte es aber möglich sein, einzelne Szenen oder Ereignisse mit Medien festzuhalten, kann dies eine wichtige Hilfe sein, die eigenen Wahrnehmungen zu «objektivieren».
- Es ist notwendig, die Beschreibung und die Kommentare zu den beschriebenen Ereignissen zu trennen. So sollten ins Protokoll nicht schon die Interpretationen der Ereignisse einfliessen («Bei dieser Schwierigkeit der gestellten Aufgabe ist es klar, dass X. Motivationsprobleme zeigte.») Dazu kann man z.B. auf dem Protokollierungsformular eine eigene Kommentarspalte einfügen. Girtler schreibt zu dieser Problematik: «Die Mühe des Protokollierens bringt auch einiges für die Forschung mit sich. Während ich meine Aufzeichnungen verfasste, fielen mir stets bereits einige Interpretationen bzw. soziologische Theorien zu dem Beobachteten ein. In Klammern hielt ich sie im Text fest, um bei einer späteren Abfassung der Publikation schon einige Anleitungen zu haben.» (Girtler, 2001, S. 142).

Vage und übergeneralisierte Beschreibung	Detaillierte und konkrete Beschreibung
Die erste Bewerberin für diese Stelle konnte das Bewerbungsgespräch fast nicht erwarten.	Zuerst sass die Bewerberin steif auf dem Stuhl, der ganz nahe beim Empfang stand. Sie nahm eine Zeitschrift vom Tischchen und blätterte sie rasch und nervös durch, ohne die einzelnen Seiten anzuschauen. Dann legte sie die Zeitschrift zurück, schaute auf ihre Uhr, strich über die Ärmel ihrer Bluse und nahm nochmals dieselbe Zeitschrift in die Hand. Diesmal begann sie nicht mehr zu blättern, sondern legte sie gleich zurück, nahm eine Zigarette aus der Handtasche und begann zu rauchen. Aus ihren Augenwinkeln schaute sie verstohlen zur Empfangsdame, liess den Blick nochmals zur Zeitschrift schweifen und dann zu den zwei bis drei anderen Personen, welche in dem Raum warteten.

Quelle: Denzin, 1987, S. 93.

- Wesentlich ist für eine dichte Beschreibung, dass die Ereignisse präzise und ausführlich protokolliert werden. Gegenüber anderen Methoden wie Interviews können insbesondere auch nonverbale Kommunikationselemente (Körpersprache, Gesten etc.) eingefangen werden. Deren Beobachtung sollte sich aber auch im Protokoll niederschlagen:
- Es sind auch die Umstände bzw. der Kontext der Beobachtung anzugeben. So wären bei der oben stehenden Beobachtung Zeit, Datum und Dauer der Beobachtung anzugeben; und man könnte eine Skizze des Empfangsraums hinzufügen. Vielleicht wäre es auch sinnvoll, kurz zu beschreiben, wie die Empfangsdame auf die Bewerberin reagierte.
- Unterstützend für die Beobachtungen können auch zusätzliche Daten sein, zum Beispiel Fotos von dem Ereignis, zusätzliche Interviews, der Bericht eines der Beteiligten etc.

4. Statistische Kenndaten

Hier kommt die Praxisforschung in die Nähe der traditionellen empirischen Forschung, versucht sie doch bestimmte Gesichtspunkte zahlenmässig zu erfassen (Durchschnittsalter der Befragten, Teilnehmer/innen an einer Veranstaltung etc.).
Dabei sind zwei Zugänge zu unterscheiden, um an solche Daten zu kommen.
a) Viele solcher Daten liegen bereits an einer anderen Stelle vor:
   - Statistik über die genaue Einwohnerzahl des Dorfes und die Anzahl der Primarschüler/innen,
   - soziodemographische Daten zu den Lernenden eines Gymnasiums,
   - Zahl der Arbeitslosen in der eigenen Gemeinde,
   - durchschnittliche monatliche Besucher/innenzahl eines Jugendhauses
   - etc.

Es ist sinnvoll, sich zu Beginn einer Forschungsarbeit bei den Auftraggeber/innen oder bei der Leitung einer Institution, in welcher geforscht wird, zu erkundigen, ob bereits Daten vorliegen, welche die Forschenden interessieren könnten. Dies kann helfen, Umwege zu vermeiden, indem man nicht nochmals dieselben Daten sammelt, wo bereits Datenmaterial vorliegt. Als eine Forscherin z.B. Kurse für Zivildienstleistende untersuchte, stellte sie fest, dass diese Kurse regelmässig über einen Fragebogen evaluiert und ausgewertet wurden. Es war zwar zu vermuten, dass diese Auswertung eher routinemässig erfolgte und damit wenig passierte. Für die eigene Arbeit war dieses Datenmaterial eine gute Grundlage, um über eine Sekundärauswertung erste Hinweise über die Qualität dieser Kurse zu erhalten.

b) Die Kenndaten können speziell für das Projekt gesammelt werden:
   - Ein Projektmitglied zählt die Besucher/innen der Veranstaltung eines Jugendhauses.
   - Durch Befragungen der einzelnen Schulen einer Stadt erhält man ein Inventar der Schulbibliotheken und die Anzahl der auszuleihenden Bücher.
   - Es wird ausgezählt, wieviele Besucher/innen eines Elternabends früher gehen.

Zwei Beispiele für das Sammeln quantitativ auszählbarer Daten sind das Stimmungsbarometer oder die Methode des Soziogramms, die hier kurz dargestellt werden.

Das Stimmungsbarometer
Es ist eine einfache Möglichkeit, Kenndaten zu erzeugen, die quantitativ ausgewertet werden. So können damit etwa in einem Schul- oder Ferienlager die persönlichen Eindrücke von Lagerteilnehmer/innen festgehalten werden. Die damit gewonnenen Daten, die gleichzeitig auch täglich ausgewertet und mit den Betroffenen besprochen wurden, bildeten ein wichtiges Element in der Abschlussarbeit «Erlebnispädagogik und Beobachtungen eines Lagers einer Psychotherapiegruppe» (Basel, 1994) von Daniel Colombo. Er schreibt zu seinem Vorgehen: «Um Informationen über das Wohlergehen der Kinder zu erhalten, habe ich beschlossen, persönliche Stimmungsbarometer ausfüllen zu lassen. Das Team hat bei dieser Befragung mitgeholfen. Jeden Tag – ausser am An- und Abreisetag – wurden die Stimmungsbarometer ausgefüllt. Alle Kinder und Sozialpädagogen beantworteten dabei jeden Tag fünf Fragen:
- Wie ging es mir heute?
- Wie war das Programm heute?
- Wie war das Wetter heute?
- Wie war das Essen heute?
- Wie fand ich die Stimmung der Gruppe heute?»

Die Frage nach dem Wetter diente als objektiver Vergleichspunkt, weil das Wetter eine nachprüfbare Tatsache bildete, welche mit der subjektiven Wettereinschätzung nicht unbedingt übereinstimmen musste (nach dem Motto: bei guter Stimmung wird auch das Wetter positiver beurteilt).
    Für die Bewertungen griff Colombo auf einfache Symbole mit den drei Kategorien zurück:
☺   gut (smile),
😐   es geht,
☹   schlecht.

Die tägliche Eintragung eines Teilnehmers oder einer Teilnehmerin über die Dauer eines Lagers könnte z.B. wie folgt aussehen:

Soziogramm

Zu den Kenndaten gehört auch die Methode des Soziogramms, das Gruppenstrukturen zu verdeutlichen vermag. So führte z.B. Daniel Colombo im Rahmen seines Lagers auch Soziogramme durch. Dabei ging er von der vorgegebenen Zimmerbelegung der Teilnehmer/innen aus. Diese verglich er mit den Strukturen, die sich beim Essen herausbildeten. Colombo berichtet in seiner Abschlussarbeit: «Unter dem Jahr sind die Tischplätze zum Essen immer dieselben und durch die Sozialpädagog/innen zugeteilt. Im Lager wurde diese Ordnung aufgehoben. Ich konnte so eine Form von Soziogrammen bei den Mahlzeiten erstellen.» In seiner Auswertung verglich Colombo die Essenswahlen mit der Zimmerbelegung, wobei er feststellte, dass die Wahlen sehr stark auseinander gingen und manche Kinder, die dasselbe Zimmer teilten, nie miteinander am gleichen Tisch sassen.

5. Portfolio

Das Portfolio ist eine Sammlung von Dokumenten, welche die Anstrengungen und Ergebnisse der eigenen Arbeit belegen. Dabei legen die jeweils Betroffenen die von ihnen nach bestimmten Kriterien zusammengestellten Unterlagen zuhanden der Forschenden vor. Diese erhalten damit ein reichhaltiges Material, das insbesondere auch dazu dienen kann, unterschiedliche Entwicklungsverläufe zu vergleichen.

Öfters genutzt werden z.B. Lernportfolios, welche dazu dienen können, die Leistungsentwicklung von Schülern und Schülerinnen zu dokumentieren, Lernverläufe zu diagnostizieren, individuelle Fortschritte oder Schwierigkeiten zu belegen. Teile eine solchen Portfolios können sein:
- Arbeitsergebnisse aus dem Unterricht wie Hausaufgaben, Arbeitsblätter, selbst verfasste Texte, Zeichnungen etc.
- Prüfungen, Lernkontrollen etc.
- Rückmeldungen von Lehrkräften und Eltern
- Selbstbeurteilungen, Arbeitsvereinbarungen.

Die Portfolio-Methode kann aber auch benutzt werden, um die Arbeit von Institutionen zu dokumentieren. So basierte die Evaluation von Diplommittelschulen (DMS 3) im Kanton Basel-Land (vgl. Moser, Kern, 1998) auf Portfolios, welche die Schulen zuhanden der Evaluatoren zusammenstellten. Der Zusammenstellung dieser Portfolios lagen folgende – vom Evaluationsteam vorgegebenen – Kriterien zugrunde:
- Kurze Darstellung der Philosophie der Schule und deren Realisierung im Reformprozess durch die Schulleitung

- Berichte gegenüber aussen und innen (Jahresberichte, interne Berichte)
- Dokumentation der Arbeit (Protokolle von Arbeitsgruppen, Unterrichtsbeispiele)
- Statistische Grundlagen (Schüler/innenentwicklung, Lehrer/innenentwicklung seit dem Ursprung der DMS, Budgetzahlen, Vergleichszahlen zur Maturitäts-Abteilung)
- Materialien zur Schulentwicklung und Schulstruktur (Organigramm der Schule und der Projektorganisation, Beschreibungen zu den bisherigen Arbeiten der Schulentwicklung)
- Dokumentation von Fortbildungsmassnahmen
- Evtl. auch Bilder und Tondokumente (Fotos von Schulen, Projekten etc.).

Bei den daraus entstandenen Einzel-Portfolios handelt es sich um eine Selbstdarstellung der jeweiligen Institutionen, die insbesondere als Ausgangspunkt für weitere Recherchen sehr hilfreich ist. So kann dann durch die Forschenden über Beobachtungen, Interviews etc. das Moment der Fremdwahrnehmung hinzugefügt werden – als Grundlage einer differenzierten und dichten Beschreibung der untersuchten Institutionen.

6. Ton-, Videodokumentation

Anstatt direkt zu beobachten oder ein Interview zu protokollieren, kann man technische Medien benutzen, die Gespräche und Beobachtungssequenzen festhalten. Dies erlaubt es, dass man ein Gespräch oder eine gefilmte Sequenz bei der Abschrift oder Auswertung mehrfach hin- und zurückspulen kann.

- Tonband-Interviews (heute oft auch qualitativ bessere Aufnahmen auf Mini-Disc) kann man verschriftlichen und dann wie Interviews auswerten.
- Videofilme kann man über Beobachtungsraster auswerten.
- Bei der Auswertung ab Band sind Bandzählwerke eine Hilfe; sie ermöglichen es, Text- und Beobachtungsstellen ganz genau festzulegen und anzusteuern.

Man kann solche Video-Beobachtungen auch mithilfe von Computerprogrammen wie CatMovie oder Videograph analysieren. Was die Software, welche die Videodatei mit einer Datenbank verbindet, leistet, wird bei CatMovie wie folgt beschrieben: «Sie haben Videomaterial oder Tonmaterial digitalisiert und in einem MPEG oder AVI Movieformat gespeichert. Sie wollen das Videomaterial inhaltlich aufarbeiten (Kategorien zuweisen und/oder Transkripte festhalten) und die Ergebnisse dieses Analyseprozesses mit einem gängigen Statistikpaket weiterverarbeiten.» CatMovie ist Freeware und damit gratis erhältlich (http://www-campus.uni-r.de/edu1/catmovie), während Videograph ein kostenpflichtiges Programm ist (http://www.ipn.uni-kiel.de/aktuell/videograph/htmStart.htm).

Tipp: Solche Video- und Tondokumente können oft auch gut für didaktische Zwecke eingesetzt werden – etwa wenn ein Projekt Aussenstehenden präsentiert wird oder wenn gefilmte Unterrichtssequenzen wiederum als Anschauungsbeispiel in einer Lehrveranstaltung eingesetzt werden.

Mediale Materialien sind aber auch eine direkte Quelle, die sich zu erforschen lohnen; z.b. Aufzeichnungen von Fernsehsendungen (eine Reihe von Talk-Shows am Nachmittag), Protokolle der Gesprächsbeiträge in Chat-Rooms, Beiträge zu einem Thema in Newsgroups etc.

7. Protokolle/Akten

Protokolliert wird in Institutionen oder Projektgruppen sehr häufig, wenn wichtige Gespräche stattfinden oder Sitzungen abgehalten werden. Die dabei entstehenden Diskussionen stellen nicht nur so etwas wie ein Gedächtnis einer Institution über die täglichen Entscheidungsprozesse dar; es handelt sich auch um wertvolle Daten für Forschende, die den institutionellen Alltag erforschen. Denn eine solche authentische Innensicht – z.B. über die Sitzungen einer Schulleitung oder über die Leitung eines Erziehungsheims – ist oft über Beobachtungen nicht zugänglich.

Protokolle können
- wörtlich sein
- ein Gespräch zusammenfassen
- lediglich die Ergebnisse festhalten.

Die präziseste Auswertung ist bei wörtlichen Protokollen möglich (vor allem, wenn die subjektiven Einstellungen der verschiedenen Beteiligten erhoben werden sollen). Zusammenfassungen geben den Verlauf durch den Filter des Protokollanten oder der Protokollantin wieder. Dennoch reichen diese oder Ergebnisprotokolle oft aus, wenn es nur darum geht, die Entscheidungen einer Institution zu dokumentieren. Neben Protokollen kann man oft auf weiteres Fremdmaterial zurückgreifen: auf Handakten, Berichte, Briefe, Zeitungsartikel etc. All dies ist ebenfalls Material, das in die Projektdokumentation und die Evaluation eingehen kann. So könnte man z.B. in einem grösseren Projekt detailliert auswerten, wie die Pressereaktion ausfiel und wie dies vielleicht wiederum das Projekt beeinflusste.

Hinweis: Die Forschenden können auch selbst anregen, dass wichtige Gespräche und Entscheidungen protokolliert werden (evtl. stellen sie auch selbst einen Protokollanten bzw. eine Protokollantin).

Wichtig ist zudem, dass man für eine Auswertung solcher Protokolle in einer Forschungsarbeit die offizielle Erlaubnis einholt, und dass die Vertraulichkeit gewährleistet bleibt. Das ist vor allem dort wichtig, wo den Forschenden durch Mitarbeiter/innen inoffiziell Einblick in Protokolle oder Akten gegeben wird.

8. Tagebücher

Tagebücher, welche von den Personen, die Gegenstand der Forschung sind, geschrieben werden, können eine gute Quelle sein. Bei Tagebüchern handelt es sich dabei um eine selbstständig durchgeführte Form einer Art von strukturierter Selbstbeobachtung.

Die Form der Durchführung kann – je nach Vorgabe der Forschenden – mehr oder wenig strukturiert sein. So kann es etwa darum gehen, dass die Sozialarbeiter/innen eines Jugendamtes ihre täglichen Aktivitäten nach einem Zeitschema festhalten. Über die Tagebücher wird dann ersichtlich, welchen Anteil die verschiedenen Aktivitäten im Tagesverlauf einnehmen.

Relativ stark strukturiert ist die folgende Vorlage für eine Tagebuchseite (siehe nächste Seite).

Offener ist dagegen ein Lerntagebuch, das folgende Fragen enthält:
- Worum ging es in der heutigen Stunde?
- Was hat mir Spass gemacht?
- Was hat mir keinen Spass gemacht?
- Was habe ich heute gelernt?
- Was habe ich überhaupt nicht verstanden?
- Woran will ich weiterarbeiten?
- Was würde mich noch zusätzlich interessieren?

(Quelle: Herrmann/Höfer, 1999, S. 89)

Im Gegensatz zu einem Tagebuch, wo lediglich Aktivitäten oder Einstellungen angekreuzt werden, interessieren im letzten Fall vor allem auch die Begründungen und ausformulierten Selbsteinschätzungen der Befragten.

Es ging heute im Rechnen um:

Nach dem Unterricht

fühle ich mich	☺	😐	☹
ich habe gelernt	☺	😐	☹
die Erklärungen der Lehrerin waren	☺	😐	☹

Was ich sonst noch sagen möchte:

9. Selbstanalysen

Die Forschenden helfen den Angehörigen einer Gruppe, die Situation zu analysieren, in welcher sie stehen, und übernehmen moderierende Funktionen. Das dabei entstehende Material kann helfen, Fragestellungen zu präzisieren und insbesondere die Einschätzung der Betroffenen über ihre eigene Situation differenziert wiederzugeben.

Im Folgenden sollen zwei Instrumente etwas ausführlicher dargestellt werden: die Methode einer Karten-Abfrage und die SOFT-Analyse.

Die Karten-Abfrage

Verteilt werden von den Forschenden verschiedenfarbige Kärtchen, auf welchen sich die Teilnehmer/innen zu bestimmten Themen äussern sollen. Ein Beispiel dafür ist die Evaluation des Online-Teils einer Lehrveranstaltung. In der anschliessenden Präsenzveranstaltung sollten sich die Studierenden auf grünen Kärtchen dazu äussern, was sie beim Online-Lernen als positiv empfunden hatten. Auf roten Kärtchen wurden die negativen («kritischen») Erfahrungen aufgeschrieben. Als Spielregel galt: Alle Teilnehmer/innen sollten mindestens drei Kärtchen von jeder Farbe beschreiben.

Nachdem die Karten geschrieben waren, stellte jede/r der Beteiligten die Argumente auf den Kärtchen kurz vor und heftete sie an eine Pinnwand. Ein Forscher versuchte als Moderator zusammen mit den Studierenden ähnliche Kärtchen zusammenzuhängen. So ergaben sich Cluster, die am Schluss mit einer Überschrift versehen wurden. Das Ergebnis präsentierte sich wie folgt:

Rote Karten: Was ich kritisch sehe
Vereinbarkeit mit Alltagsbelastungen
- Dreifachbelastung: Arbeit, Studium, Familie
- Rahmenbedingungen (Gesundheit, Arbeitsstress, Computer)
- Im Arbeitsalltag wenig Zeit, um Neues zu lernen
- Ablenkung durch eigene Arbeitsvorhaben (immer wieder neu am Thema ansetzen müssen)
- Eigene Motivation, nach einem Arbeitstag vor dem PC nochmals an den PC zu gehen

Intensive Diskussionen werden verhindert
- Zu wenig auf Forumsbeiträge eingegangen
- Beziehungslosigkeit «Beitrag neben Beitrag»
- Gekünstelte Diskussion
- Keine spontane Diskussion
- Ich rede lieber, als am PC zu schreiben (lahme Ente)

- Kommunikation ist 80 Prozent Stimme, Mimik, Gestik, und 20 Prozent Inhalt
- Gefahr: schnell Kommentar schreiben
- Verständnisfragen sind nicht direkt zu klären, sondern man muss auf die Antwort per E-Mail warten

Fehlende Zeit, mit der Plattform vertraut zu werden
- Zeit gebraucht, um mit Handhabung klar zu kommen
- Zeitraum zu knapp

Diskussionsstruktur zu wenig konsequent umgesetzt
- Mangelnde Struktur
- Verlassen des Zeitplans

Grüne Karten: Was ich am Online-Lernen positiv sehe
Individuell regulierbare Lernzeiten
- Eigene Lerndynamik umsetzbar: Kann Pause machen, wenn mir nichts mehr einfällt, hohe Arbeitsintensität
- Dass ich zuhause am PC arbeiten kann (Zeiteinteilung, Atmosphäre)
- Freie und individuelle Zeiteinteilung

Diskussionsbeiträge werden dank Schriftlichkeit auf Dauer gestellt
- Im Diskussionsforum: Übersicht über die Beiträge
- parallele Verfügbarkeit der Quellen
- Beiträge gehen nicht unter
- Diskussionsverlauf bleibt nachvollziehbar und bildet ein Archiv

Möglichkeit einer gründlicheren Auseinandersetzung
- Längere Zeit zum Lesen, Überlegen und Schreiben eines Beitrags
- Vertiefte Betrachtung gegenüber Vorlesung und Referat
- Schriftliches Formulieren bedeutet mehr Auseinandersetzung
- Gute Vertiefungsmöglichkeit
- Der eigene Diskussionsbeitrag bedarf einer gründlicheren Vorbereitung

Neue Qualität des Austauschs
- Ich war immer neugierig auf neue Textbeiträge (lustbetont)
- Beitrag leisten – alle und jederzeit
- Reaktion/Austausch auf die einzelnen Beiträge
- Länderübergreifende Diskussion

PC-Kompetenz erweitern
- Erfahrungen mit E-Learning machen (im Verlauf sehr positiv)
- Dass ich meine PC-Kenntnisse erweitern konnte

Gute Aufbereitung der Lerninhalte
- Benutzeroberfläche hat mir gut gefallen
- Einleitung und Texte waren inhaltlich und optisch gut aufbereitet
- Lernkontrolle mit Testfunktion

Ergänzung zum Präsenzlernen
- Online-Lernen ist gute Ergänzung, aber kein Ersatz für Präsenzlernen

Die SOFT-Analyse

In einer Softanalyse geht es darum, dass die Mitarbeiter/innen einer Institution aufgrund eines geleiteten Diskussionsverfahrens Stärken und Schwächen, Möglichkeiten und Gefahren einer Institution bzw. eines Projektes systematisch herausarbeiten (vgl. dazu auch: Moser, 1999). Neben der Analyse soll dabei also auch eine Möglichkeits- und Risikoabschätzung erfolgen. Schematisch kann das Modell der SOFT-Analyse wie folgt dargestellt werden:

S	O
Strenghts = Stärken	Opportunities = Möglichkeiten
F	T
Failures = Schwächen	Threats = Gefahren

Die SOFT-Analyse ist zwar kein hartes wissenschaftliches Instrument, da sie aufgrund von Erfahrungen und kontextbezogenem Wissen der Mitarbeiter/-innen einer Institution durchgeführt wird. Die dabei benutzten Begriffe werden nicht operationalisiert, und es erfolgt auch keine objektivierte Datenerhebung. Vielmehr handelt es sich um eine konsensual orientierte Gruppendiskussion zur Selbstanalyse der eigenen Institution. Ihre Stärke ist es dagegen, dass sich darin die Erfahrungen der Betroffenen ausdrücken. Der empirische Gehalt der daraus resultierenden Aussagen ist deshalb oft als recht hoch einzuschätzen.

Die SOFT-Analyse wird oft so durchgeführt, dass man sich der Eigendynamik der in den Blick kommenden Gesichtspunkte überlässt. Das kann jedoch leicht dazu führen, dass solche Diskussionen eine gewisse Beliebigkeit und Zufälligkeit erhalten. Um dies zu vermeiden, empfehlen wir, den Ablauf einer SOFT-Analyse stärker zu systematisieren und Kriterien zu entwickeln, welche den Diskussionsablauf strukturieren. Die Festlegung der Kriterien richtet sich dabei auf die drei Felder einer Ergebnis-, Prozess- und Strukturqualität aus, d.h. wir betrachten dabei:
- die Produkte bzw. die Dienstleistungen, welche als Ergebnis vorliegen;
- die Prozesse, welche zur Erstellung des Produktes bzw. der Dienstleistung notwendig sind;
- die Bedingungen bzw. die Infrastruktur, unter welcher diese Erstellung erfolgt.

Das könnte zum Beispiel für eine Schule bedeuten, dass man diskutiert:
- die Lernergebnisse, die erreicht werden und die als besonders wichtig gehalten werden;
- die Lern- und Unterrichtsprozesse, die dazu führen;
- die Infrastruktur, die im Schulhaus besteht.

Im zweiten Schritt der SOFT-Analyse werden die gemeinsam festgelegten Kriterien auf Stärken und Schwächen hin diskutiert und bewertet. So könnte man zum Beispiel als Schwäche feststellen, dass der musische Bereich in den letzten Jahren zu stark in den Hintergrund getreten ist, und dass das Schulleben dadurch auch etwas verarmt sei (z.B. weil eine Lehrkraft weggegangen sei, welche jährlich ein Schülertheater aufgeführt habe). Oder man könnte als Stärke zum Schluss kommen, dass eine Selbstevaluation ergeben habe, die Lernmotivation in Mathematik habe sich in diesem Jahr in mehreren Klassen verbessert etc. Erst wenn die ersten beiden Schritte nach sorgfältiger Durchführung abgeschlossen sind, wird in einem dritten Schritt versucht, daraus Konsequenzen im Hinblick auf Chancen und Gefahren zu beschreiben, die für die weitere Entwicklung der Organisation wichtig sind. Dazu kann es sinnvoll sein, die auf grossen Plakaten festgehaltenen Gruppenarbeiten zu den ersten beiden Schritten im Plenum vorzustellen und dann gemeinsam die Konsequenzen daraus zu ziehen.

Ablaufschema der SOFT-Analyse
1. Kriterien für die Beurteilung suchen in den Bereichen Ergebnis-, Prozess- und Strukturqualität;
2. Kriterien beurteilen nach Stärken und Schwächen;
3. Beurteilung bewerten: Welche Chancen und Risiken ergeben sich daraus?

Die eben vorgestellten Methoden (Karten-Abfrage und SOFT-Analyse) eignen sich recht gut, um am Beginn eines Forschungsprojektes die Ausgangssituation zu klären und zu präzisieren. So nutzten die Studierenden eines Forschungskurses die SOFT-Analyse, um eine erste Situationseinschätzung der Mitarbeitenden einer Institution zu erhalten. Aufgrund der darin geäusserten Hauptprobleme legten sie dann eine konkrete Forschungsfrage fest, die sie weiterbearbeiten und detailliert untersuchen wollten. Dabei ist es z.b. möglich, eine der im Rahmen einer SOFT-Analyse erarbeiteten Risiken oder Chancen aufzunehmen und weiter zu analysieren.

Es ist aber auch möglich, solche Methoden zum Abschluss eines Projektes einzusetzen, um den Erfolg mit Hilfe der Teilnehmer/innen zu bewerten – wie es im Beispiel des Online-Kurses geschah. Hier wurde das gewählte didaktische Online-Arrangement mit Hilfe einer Karten-Abfrage evaluiert. Die SOFT-Analyse kann in solchen Zusammenhängen zudem dazu dienen, über die Analyse von Risiken und Chancen Massnahmen herauszuarbeiten, die im Anschluss daran konkret umgesetzt werden.

10. Qualitative Interviews

Das Interview geht letztlich auf die Form des Gesprächs (Diskussionen, Erzählungen und Geschichten) zurück. Sein Zweck ist es, Sichtweisen, Meinungen und Interpretationen zu erheben, um deren Sinn besser zu verstehen. Oft interessieren dabei die Aussagen von Schlüsselpersonen aus unterschiedlichen Gruppen (Erzieher/innen, Kinder, aussenstehende Besucher/innen), deren Sichtweisen miteinander verglichen werden (vgl. dazu die Ausführungen zur sogenannten Triangulation).

Bei qualitativen Interviews beschränkt man sich meist auf eine kleine Zahl von Personen, deren Aussagen auf allgemeine Motive und Einstellungen hin rekonstruiert werden. Methodisch arbeitet man mit «unstrukturierten» oder «halbstrukturierten» Fragen:

Unstrukturierte Fragen sind Impulse, welche den/die Befragte/n noch in keine Richtung lenken. Der/die Interviewte muss den Inhalt, über den er/sie berichten will, selbst strukturieren («Erzähle, wie das alles angefangen hat.»).

Halbstrukturierte Fragen geben bereits eine bestimmte Richtung vor («Was war Ihre Überlegung, als Sie den Lehrer Ihrer Tochter aufgesucht haben?»).

Das fokussierte Interview (Leitfadeninterview)
Beim fokussierten Interview ist eine Atmosphäre wichtig, in welcher ein offe-

nes Gespräch entstehen kann. Der/die Interviewer/in soll nicht drängen, keine suggestiven Fragen stellen und die Rolle eines neutralen Zuhörers einnehmen. Dennoch hat er/sie darauf zu achten, dass der Gesprächsfluss nicht versiegt, ein Thema nicht zu schnell wieder verlassen wird und dass der Themenbereich vollständig abgedeckt wird. Am Schluss sollten zudem die verschiedenen Interviews miteinander vergleichbar sein.

Als Hilfestellung für den/die Interviewer/in dient ein Gesprächsleitfaden. Darin sind die Inhaltsbereiche angegeben, über die gesprochen werden soll (Leitthemen). Zu jedem der Leitthemen sind zudem einige wenige Fragen zu formulieren, die in jedem Interview möglichst ähnlich zu stellen sind. Es handelt sich hier um Ausgangspunkte, von denen her sich ein Interview durch Nachfragen individuell verästeln kann. Gleichzeitig helfen diese Fragen aber auch, wieder auf das Thema zurückzukommen und nicht bei einer bestimmten Fragestellung hängenzubleiben bzw. die Interviews vergleichbar zu halten. Für die Auswertung «fokussierter» Interviews eignen sich Tonbandaufnahmen, die schriftlich transkribiert und dann am Computer mit einem Analyseprogramm ausgewertet werden.

Merriam (1988) unterscheidet sechs Frageformen, die benutzt werden können, um unterschiedliche Typen von Daten zu erhalten:
1. *Erfahrungs-/Verhaltensfragen* zielen darauf ab, Beschreibungen von Erfahrungen, Verhaltensweisen, Aktionen etc. hervorzulocken (z.B: «Berichten Sie doch etwas genauer über die interessantesten Erfahrungen, die Sie als Lehrerin hier gemacht haben.»)
2. *Meinungs-/Wertungsfragen* versuchen herauszufinden, was die Menschen denken. Sie orientieren uns über Ziele, Intentionen, Wünsche und Werte (z.B. «Was ist Ihnen wichtig an Ihrem Beruf als Lehrerin?»)
3. *Gefühlsfragen* ermöglichen es, emotionale Reaktionen zu verstehen (z.B. «Wie fühlt man sich, wenn es immer lauter wird in den Klasse?»)
4. *Wissensfragen* beziehen sich auf Fakten und Informationen (z.B. «Mich würde interessieren, wie viele Schüler/innen diese Schule besuchen.»)
5. *Sinnesfragen* wollen herausfinden, auf welche sinnlich erfahrbaren Stimuli – Blicke, Töne, Gesten, Berührungen oder Gerüche – die Antwortenden reagieren (z.B. «Wie reagieren Sie und ihre Schüler/innen jeweils auf die Pausenglocke?»)
6. *Hintergrund- oder biografische Fragen* suchen Bildungsstand, frühere Erfahrungen, Alter etc. der Befragten zu beleuchten (z.B. «Würden Sie kurz darüber berichten, wie Sie Lehrerin geworden sind?»)

Was zu vermeiden ist:
Das Geheimnis eines guten «offenen» Interviews ist es, die Befragten zum Sprechen zu bringen. Dabei müssen die Interviewenden ihre eigene Meinung

im Hintergrund halten und weder suggestiv bestimmte Antworten forcieren noch billigend oder missbilligend reagieren.
- Stellen Sie in einem Leitfadeninterview möglichst wenig geschlossene Fragen, welche ein «ja» oder «nein» nahelegen, wie z.B.: «Schauen Sie in Ihrer Freizeit häufig Fernsehen?» Anstatt die Befragten in ein lebendiges Gespräch zu verwickeln, rutscht man hier leicht in eine öde Abfragerei hinein.
- Formulieren Sie nicht eigene Erwartungen und Deutungsangebote, wie: «Sie waren zu dieser Zeit ja noch ein junger Mann. Haben Sie da nicht an Heirat gedacht?»
- Vermeiden Sie direkte, suggestive Fragen («Mit 15, da haben Sie doch bestimmt noch nicht geraucht»).
- Generell sollte man wertende und aggressive Fragen vermeiden.
- Auch zu starke Kommentare können ein Interview verfälschen («Das ist ja total interessant», «super», »das darf doch nicht wahr sein».
- Problematisch sind komplizierte Fragen, welche mehrere Einzelfragen enthalten und so die Antwortenden eher verwirren. Worauf sollen sie denn nun zuerst antworten? Vor allem besteht die Gefahr, dass die jeweiligen Befragten auf einzelne Aspekte der Frage Bezug nehmen und andere stillschweigend weglassen, so dass man bei mehreren Interviews sehr divergierende Antworten erhält.
- Tabuthemen sollten vorsichtig und erst gegen Ende eines Interviews angesprochen werden.
- Vermeiden Sie Warum-Fragen, da diese oft recht inquisitorisch wirken und den Gesprächsfaden abrupt abschneiden. So erzählt etwa ein Befragter: «... und dann ging es mir immer schlechter; ich habe angefangen zu trinken (Pause).»

Wenn der/die Interviewer/in jetzt ungeduldig wird und einwirft: «Können Sie erklären, warum das geschah», kann sich der/die Interviewte angegriffen fühlen, und er/sie sucht händeringend nach Begründungen, ohne eine zu finden. Das Gespräch stockt, und es muss mühsam ein neuer Anknüpfungspunkt gesucht werden. Hier wäre etwas mehr Geduld angebracht gewesen, oder vielleicht auch eine Paraphrase: «Sie sagen, dass Sie zu trinken begonnen haben ...»

> **Aufgabe:** In den «Grundlagen der Praxisforschung» (Moser 1995, S. 156) werden «Faustregeln» zur Konstruktion von Befragungen formuliert. Führen Sie ein leitfadengestütztes Übungsinterview durch, das Sie auf Tonband aufnehmen. Überprüfen Sie, wie weit Sie dabei den in den Faustregeln formulierten Kriterien nachkamen und welche Fragetypen sie in dem Interview benutzen.

Interviewleitfaden zum «qualitativen» Interview
Zweck des Interviews
Leitthema 1:
Frage 1:
Frage 2:
Frage 3:
Frage 4:
Leitthema 2:
Frage 1:
Frage 2:
Frage 3:
Leitthema 3:
Frage 1:
Frage 2:
Frage 3:
Leitthema 4:
Frage 1:
Frage 2:
Frage 3:

Die Umsetzung dieser Vorlage könnte zu folgendem Leitfaden führen:

Interviewleitfaden zum «qualitativen» Interview
Leitthema 1: Kooperationsverhalten
Frage 1: Wieviel wurde heute zusammen gemacht?
Frage 2: War die Atmosphäre heute auf dem Spielplatz entspannter als sonst?
Frage 3: Wie kreativ hast du das Spielen empfunden?
Frage 4: Haben heute andere das grosse Wort geführt als sonst?
Leitthema 2: Wünschbarkeit solcher Aktivitäten
Frage 1: Was hat dir am heutigen Nachmittag besonders gefallen?
Frage 2: Sollte es öfters solche Nachmittage geben?
Frage 3: Gibt es auch Dinge, die sonst besser sind?

Befragt werden die drei Sozialpädagoginnen der Institution und vier der beteiligten Jugendlichen (je 10–20 Minuten).

Das «narrative» Interview

Im Rahmen des qualitativen Interviews ist neben dem «fokussierten» vor allem das «narrative» Interview zu erwähnen, das besonders hilfreich ist, um biografische Prozesse zu erforschen. So könnte man etwa Drogensüchtige im Rahmen von narrativen Interviews über ihre Suchtkarriere befragen. Hier geht es darum, dass sich der Interviewer bzw. die Interviewerin sehr stark zurückhält und mit einer Erzählaufforderung versucht, die interviewte Person dazu zu bringen, möglichst frei und ausführlich ihre Geschichte zu erzählen. Die Aufgabe der Befragenden ist es, den Gesprächsfluss immer wieder zu stimulieren und am Schluss eine «Bilanzierung» einzuleiten. Bei dieser Form des Interviews ist der Forscher bzw. die Forscherin vor allem in der Rolle des aktiven Zuhörers. Er/sie signalisiert über den Blickkontakt Interesse und beschränkt sich weitgehend auf relativ unspezifische Stimuli wie «Hmm ...», «und wie geht's weiter», «was geschah dann» etc.

U: Als ich dann in die Schule kam, da ging's mir nicht so gut. Dieser Lehrer war ... er war so irgendwie ...
I: Hmm ...
U: Also er war so streng und hatte etwas gegen mich. Nein, keine Schläge, aber so versteckte Seitenhiebe (lange Pause).
I: Wie ging es weiter?
U: Also, so ganz unglücklich war ich in der Schule trotzdem nicht. War ja ein ganz guter Schüler. Und dann kam die Sache mit dem Gymnasium. Das ist mein grosser Wunsch gewesen. Aber irgendwie ...
I: Was geschah da?
U: Also, meine Eltern fanden das ... so ... überrissen. Sie wollten eigentlich nicht. Und auch der Lehrer ... Ich habe das Gefühl, der hatte was gegen mich. Also ...

Ist die Geschichte zu Ende erzählt, so kann in einem zweiten Teil von der interviewten Person nochmals zurückgefragt werden, um Aspekte zu verdeutlichen, die zu wenig ausgeführt wurden oder unklar geblieben sind: «Sie haben doch mehrfach erzählt, dass Ihr Lehrer etwas gegen Sie hatte. Könnten Sie dies noch etwas genauer ausführen?» Am Schluss werden zur Bilanzierung oft auch abstraktere und stärker auf eine Reflexion der Erzählung orientierte Fragen gestellt.

Auch hier geht es anschliessend darum, das Interview systematisch auszuwerten, um die hintergründigen Prozessstrukturen des erzählten Lebenslaufs zu entschlüsseln, z.B. im Sinne von «typischen» Verlaufskurven bzw. -strukturen einer Suchtkarriere. Nach Norman K. Denzin hat man dabei vor allem auf «Epiphanien» zu achten, also auf Brüche und Lebenskrisen, welche Wendepunkte im Leben eines Menschen darstellen: «Eine Epiphanie tritt in solchen problematischen Interaktionssituationen auf, wo jemand eine Krise erfährt bzw. mit ihr konfrontiert wird. Oft weitet sich dann eine persönliche Schwierigkeit zu einem öffentlichen Thema aus – wenn eine geschlagene Frau von zuhause flieht und die Polizei anruft, oder ein Alkoholiker eine Entziehungskur beginnt.» (Denzin, 1989, S. 17). Genau dieser Zusammenhang von privater Biografie und «typischer» bzw. «überpersönlicher» Problematik ist es, welcher die Forschung interessiert.

Zwischen dem thematisch orientierten Leitfaden und der offenen Erzählsituation des narrativen Interviews steht das «episodische» Interview (vgl. Flick 2005, S. 158 ff.). Es besteht aus mehreren Erzählaufforderungen, indem die interviewte Person gebeten wird, einen kleinen Ausschnitt bzw. eine Situation des eigenen Lebens genauer zu beschreiben. Auf diese Weise wird versucht, Erfahrungen zu thematisieren, die oft mehr aussagen als eine rein «sachliche» Aussagen. Flick beschreibt, wie diese Form des Interviews eingeführt werden kann: «Um den Interviewpartner mit der Interviewform in Bezug auf das Thema der jeweiligen Studie vertraut zu machen, wird zunächst das Grundprinzip des episodischen Interviews einführend erläutert (z.B. ‚In Folgenden werde ich dich immer wieder bitten, mir Situationen zu erzählen, die mit dem Thema Krankheit – mit deiner eigenen Krankheit, aber auch mit Krankheit allgemein – zu tun haben')» (Flick 2011, S. 274).

Soll ein lebendiges Gespräch zustande kommen, empfiehlt es sich im Rahmen eines Leitfadeninterviews immer auch episodische Erzählimpulse aufzugreifen («Gibt es da ein Beispiel, das dir gerade in den Sinn kommt?" „Wie war das denn letzte Woche…?».

11. Focus-Gruppen

Unter Focus-Gruppen versteht man die Methode der Gruppendiskussion. Neben den Fragen der Interviewenden ist hier auch die gegenseitige Reaktion der Teilnehmer/innen auf ihre Diskussionsbeiträge wichtig.

Ein Beispiel dafür ist die Evaluation einer Mittelschule in Muttenz (Schweiz), in deren Rahmen auch Schüler-Gruppen befragt wurden (Moser/Wettstein, 1996). Dieses Forschungsprojekt zeigt einige wichtige Gesichtspunkte, welche bei der Anwendung der Focus-Gruppen-Methode zu beachten sind.

Eine wichtige Vorentscheidung bildet die Zusammenstellung der einzelnen Gruppen (vgl. die Ausführungen zum «Sampling»). Da am zu evaluieren-

den Schulversuch drei Klassen beteiligt waren, wurden Sechsergruppen bestimmt, die zu gleichen Teilen aus den verschiedenen Klassen zusammengesetzt waren. Im Weiteren achteten wir als Forscher darauf, dass das Geschlechterverhältnis in den Focus-Gruppen anteilmässig jenem in den Schulklassen entsprach. Konkret wurden drei Gruppen aus dem Schulversuch und zusätzlich zwei Kontrollgruppen aus Schüler/innen gebildet, welche am Versuch nicht teilnahmen. Damit am Schluss die Diskussionen der verschiedenen Gruppen vergleichbar sind, ist für die Moderatoren der Focus-Gruppen ein Interviewleitfaden[1] wichtig, der als Grundlage der Gruppendiskussionen für alle gleich ist. Im erwähnten Projekt umfasste dieser u.a. folgende Fragen:
- Was ist Ihnen besonders aufgefallen, als Sie an diese Schule gekommen sind?
- Wo sind Sie lieber zur Schule gegangen: an der Diplommittelschule Muttenz oder an der Schule vorher? Was hat Ihnen hier/dort so gefallen?
- Wie gehen hier die Schüler und Schülerinnen miteinander um? Ist es anders als an anderen Schulen? Gibt es hier auch so etwas wie Gewalt?
- Was fällt Ihnen an den Lehrer/innen hier auf?
- Wie gehen sie mit den Schülern und Schülerinnen um?
- Sind sie mehr Kumpel oder Autorität?
- Was meinen Sie zu den Projekten, die an dieser Schule durchgeführt werden?

Im Rahmen der auf einem solchen Leitfaden basierenden Diskussion ist es wichtig, sich zu vergegenwärtigen, dass es in Focus-Gruppen nicht darum geht, eine möglichst grosse Übereinstimmung der Diskutierenden zu erreichen. Vielmehr sollen möglichst alle Beteiligten ihre eigene Meinung ausdrücken können, sodass das gesamte Meinungsspektrum deutlich wird. Oft beginnt man damit, dass man eine Frage reihum beantworten lässt. Hat man dann während des Gesprächs den Eindruck, dass jemand nicht richtig zum Zug kommt, wird man diese Person auffordern, auch ihre Auffassung zum Thema zu äussern.

Günstig ist bei Focus-Gruppen eine ungezwungene Atmosphäre, so dass es jeder wagt, sich einzubringen. Oft übernimmt ein Hauptmoderator bzw. eine Hauptmoderatorin die Leitung der Diskussion, während ein/e Assistent/-in handschriftliche Notizen macht, das Tonbandgerät bedient (sofern die Diskussion aufgenommen wird) und überprüft, dass alle wichtigen Punkte in der Befragung vorkommen. Er/sie wird zudem auch bemerkenswerte Zitate, Beobachtungen zur Gruppendynamik und zur Körpersprache notieren. Am Schluss fasst der/die Assistent/in aufgrund der Notizen die wichtigsten Aussagen zusammen und bittet die Befragten um eine Rückmeldung dazu («Sind

---

[1] Als Vorlage kann auch hier das Modell des Interviewleitfadens im fokussierten Interview benützt werden.

dies auch Ihrer Meinung nach die wichtigsten Punkte unseres Gesprächs, oder sehen Sie das anders?»).

Nach der Sitzung tauschen Moderator/in und Assistent/in ihre Wahrnehmungen aus; der/die Assistent/in erstellt auf dieser Grundlage und aufgrund der Zusammenfassung einen Bericht, der vom Moderator oder der Moderatorin nochmals gegengelesen wird. Die Tonbandaufnahme dient als Hintergrundmaterial, das bei der Auswertung fallweise – etwa bei Unklarheiten – beigezogen werden kann.

Eine andere Methode ist es, die Tonbandprotokolle abzutippen und nach den Regeln qualitativer Auswertungsverfahren zu behandeln. Dies ist zwar zeitaufwändiger, kann aber zu präziserem und detailliertem Datenmaterial führen. Vor allem kann dabei auch die Interaktion zwischen den Interviewten stärker in den Vordergrund treten – wie etwa im Fall von Kindern, die darüber diskutieren, ob ein Computer sprechen könne.

Interviewer:	Zuerst habt ihr gesagt, der Computer kann nicht reden, und nun kann er es doch.
Junge 1:	«Bravo» kann er sagen und sonst nichts.
Mädchen 1:	Und «Wiederholung», «Wiederholung» ...
Interviewer:	Wisst ihr denn, warum der Computer reden kann?
Junge 2:	Weil es einen Papagei drin hat (Gelächter).
Interviewer:	Aha, ja, das ist auch eine Möglichkeit (Gelächter).
Mädchen 2:	Er wird mit Strom gefüttert.
Mädchen 1:	Oder im Strom hat es ein Papageienmaul.
Junge 2:	Nein, im Computer hat es einen Papagei, der rechnet.

Gerade der Diskussionsprozess war hier für die Auswertung sehr wichtig. Eine blosse Zusammenfassung der Ergebnisse nach der ersten Methode hätte wenig gebracht (vgl. den ausführlichen Forschungsbericht: Moser, 2001).

12. Schriftliche Befragung

Fragebogen gelten oft als «einfaches» Mittel, um die Meinung grösserer Personengruppen zu erheben. Sie sind rasch und einfach erstellt, bzw. problemlos zu administrieren. Doch der Eindruck trügt. Schon die Organisation des Rücklaufs von Fragebögen ist oft ein mühsames Unterfangen (genügend Zeit und Nachfassen vorsehen!). Aber auch die Erstellung eines Fragebogens ist eine Kunst; denn von der Qualität der Fragen hängt ab, was am Schluss als Resultat herauskommt. Vor allem ist es später nicht mehr möglich, Rückfragen und Präzisierungen einzuholen.

Bevor man sich für die schriftliche Befragung als Methode entscheidet, sollte man zudem gut überlegen, ob der Fragebogen ein geeignetes Mittel ist, um die Forschungsfragen zu beantworten (Kriterium der «Stimmigkeit»). Denn oft fällt der Entscheid zugunsten der Fragebogen-Methode zu schnell. So befragte eine Studierende Mädchen in Berufswahlklassen mithilfe eines Fragebogens über Probleme ihrer Berufswahl. Sie musste jedoch feststellen, dass oft sehr oberflächliche Antworten resultierten. Die Mädchen kreuzten lustlos an, was ihnen im Moment gerade in den Sinn kam – auch wenn dies mit ihrer gegenwärtigen Realität kaum mehr etwas zu tun hatte. Gleichzeitig führte die Studierende in einigen Schulklassen aber auch Gruppendiskussionen durch. Dadurch, dass die Beteiligten aufeinander reagieren konnten, schälten sich die Kernprobleme viel besser heraus, die für die befragte Gruppe mit der Berufswahl verbunden ist. Obwohl die Gruppeninterviews nur als ergänzende Methode gedacht waren, wurden sie so zum zentralen Bestandteil der aus der Untersuchung resultierenden Diplomarbeit.

Der Aufbau eines Fragebogens richtet sich häufig nach dem «Trichterprinzip». Danach werden die allgemeinen Fragen an den Anfang gestellt (inklusive der üblichen Aufwärmfragen zur Motivierung). «Konkretere» und detailliertere Fragen kommen im Anschluss daran. Der Trichter «verengt» sich also im Verlauf der Befragung.

Beispiele für Items im Fragebogen

1. Kreuze die richtige Antwort an:
   Hat dir der Spielnachmittag gefallen: Ja ☐   Nein ☐

2. Wie hat dir der Spielnachmittag gefallen?
   Sehr gut / gut / es geht / schlecht (Zutreffendes unterstreichen)

3. Gib dem Spielnachmittag eine Note (von 1–6):
   _____

4. Aus welchen Gründen hast du am Spielnachmittag teilgenommen:
   ☐ Das Thema hat mich interessiert
   ☐ Ich mache immer mit, wenn dort etwas angeboten wird
   ☐ War nichts Besseres los
   ☐ Ich kam wegen meinem Freund / meiner Freundin
   ☐ Die Gruppe hat beschlossen, hinzugehen
   ☐ Anderer Grund
   _____

(Es sind Mehrfachnennungen möglich)

5. Wie häufig nimmst du an solchen Veranstaltungen teil?
   1 = sehr selten
   2 = manchmal
   3 = öfters
   4 = sehr häufig   1   2   3   4
   Kreise die Zahl an, die für dich am ehesten zutrifft.
6. «Solche Spielnachmittage sind eher für Jungen als für Mädchen». Wie weit stimmst du dieser Aussage zu?
   Stimmt genau / hat etwas für sich / eher nicht / trifft nicht zu (Zutreffendes unterstreichen)

7. Die meisten Klassenkamerad/innen haben an diesem Spielnachmittag nicht teilgenommen. Kannst du einige Gründe nennen, warum dies so ist?

___

8. Schreibe auf, was dir an diesem Nachmittag am besten gefallen hat:

___

Wie die Beispiele im Fragebogen zeigen, sind bei der Formulierung verschiedene Fragetypen möglich.
a) Geschlossene Fragen, welche ein Ankreuzen bzw. eine eindeutig bestimmte Antwort verlangen. Dazu gehören
   – Ja-/Nein- bzw. richtig-/falsch-Fragen, bei denen zwei Alternativen vorgegeben sind;
   – Fragen mit mehreren Alternativen;
   – Einstellungsfragen mit mehrstufiger oder kontinuierlicher Skala;
   – Schätzungen und Sachangaben wie Alter, Ausbildung etc.
b) Offene Fragen, welche eine freie Beantwortung ermöglichen.

Tipp: Wichtig ist bei Fragebögen ein «Pretest». Dabei lässt man den Fragebogen von einer Person, die den Befragten ähnlich ist, ausfüllen und geht nachher jede Frage mit ihr einzeln durch:
- Gibt es Fragen, welche zu einer bestimmten Antwort verleiten (Suggestivfragen)?
- Sind manche Fragen unverständlich?
- Gibt es Fragen, die von den Interviewten ganz anders verstanden werden, als es von der Befragung her intendiert war?

13. Die strukturierte Beobachtung

Eines der wichtigsten Verfahren der Forschung ist die Beobachtung. Während wir die so genannte «teilnehmende Beobachtung» unter dem Stichwort «Feldnotizen» darstellten, soll hier die «distanzierte» Beobachtung behandelt werden. Der Beobachter wahrt in diesem Fall die Distanz: Er steht hinter einer Einwegscheibe, benutzt Videoaufnahmen, beobachtet innerhalb einer Forschungssituation mithilfe vordefinierter Kategorien und Beobachtungsschemen etc.

Wer so beobachtet, wählt ganz bestimmte Ereignisse aus dem Strom des Lebens aus. Diese interessieren ihn aufgrund seiner Hypothesen und theoretischen Überlegungen. Alles andere, was auch noch (mit-)geschieht, muss vernachlässigt werden. Beobachtungen sind also selektiv und verlangen eine Auswahl der interessierenden Gesichtspunkte. Mit anderen Worten: Für das Beobachten ist als Instrument ein Beobachtungsraster zu erstellen (die abgedruckte Vorlage für einen Beobachtungsbogen kann dazu eine Hilfe sein).

Wichtig ist: Die Beobachtungs-Einheiten müssen untereinander streng diskriminieren. So wird z.B. festgelegt, dass eine im Klassenzimmer beobachtete Äusserung entweder als Schüler/innen- oder als Lehrer/innenäusserung notiert wird. Manchmal werden auch Schätzskalen benutzt:

$$-3 \quad -2 \quad -1 \quad 0 \quad 1 \quad 2 \quad 3$$

Für die Durchführung von Beobachtungen ist zudem zu beachten: Beobachtungen finden meist mehrfach statt. So betont Huschke-Rhein: «Bei den meisten Untersuchungen sind mehrere Beobachtungsgänge erforderlich. Wenn die Untersuchungssituationen nicht gleichartig («konstant») sind – und das ist häufig der Fall –, können verlässliche Ergebnisse nur dann erreicht werden, wenn die Situationen mehrmals beobachtet und verglichen werden. Als Faustregel können wir uns merken: Erst nach drei Beobachtungsdurchgängen kann die Verlässlichkeit eingeschätzt werden» (Huschke-Rhein, 1987, S. 36).

Bei der Erstellung eines Beobachtungsrasters kann man Kategorien oder Ereignisse als Beobachtungseinheiten definieren (vgl. Boehm/Weinberg, 1997, S. 72 ff.):

Kategoriensystem	Ereignissystem
Jedes beobachtete Veralten ist zu klassifizieren.	Lediglich die vordefinierten Ereignisse sind zu klassifizieren

Bei einem Kategoriensystem muss jede Beobachtung einer der Kategorien zugeordnet werden können. Ein solches Kategoriensystems zur Beobachtung der Interaktion von spielenden Vorschulkindern könnte wie folgt aussehen:

Kategorie	Kind A Datum Kontext	Kind B Datum Kontext	Kind C Datum Kontext
Isoliertes Einzelspiel			
Paralleles Einzelspiel			
Interaktives Spiel mit einem Kind			
Interaktives Spiel mit mehreren Kindern			
lediglich herumschauen			

Quelle: Boehm/Weinberg, 1997.

Zu einem bestimmten Zeitpunkt könnten also Kind A dem isolierten Einzelspiel und die Kinder B und C dem interaktiven Spiel mit mehreren Kindern zugeordnet werden.

Arbeitet man mit einem Ereignisraster, so definiert man vor der Beobachtungsphase eine Reihe von Ereignissen, die vorkommen können. Im Zeitraum der Beobachtung kann dann z.B. festgehalten werden, welches Verhalten von Schüler/innen vorkommt und wie häufig und welches nicht. Die Beobachter/innen zeichnen bei ihrer Arbeit lediglich jene Fälle auf, die in eine der vordefinierten Ereigniskategorien fallen. So wird eine Unterrichtssequenz daraufhin beobachtet, wann die Lehrkraft
- nach spezifischen Fakten,
- nach einer Meinung,
- nach der Anwendung von Kenntnissen fragt.

Vorkommen und Häufigkeit der eben definierten Ereignisse werden über einen bestimmten Zeitraum festgehalten.

Beobachtungsbogen Nr. ...

Kategorie Lehrperson fragt nach	Datum .... Zeit	Datum .... Zeit	Datum .... Zeit ....
Fakten			
Meinungen			
Anwendung von Kenntnissen			

Während der Beobachtungszeiträume werden Ereignisse mit Strichen vermerkt, wenn sie vorkommen.

Eine gravierende Fehlerquelle kann dann vorliegen, wenn mehrere Beobachter/innen an einer Untersuchung beteiligt sind. Hier muss gewährleistet werden, dass alle Beteiligten auf die gleiche Weise beobachten und ein beobachtetes Ereignis nicht unterschiedlich interpretieren. Dazu ist eine Beobachterschulung nötig.

Aufgabe: Führen Sie gemeinsam eine Beobachtung durch und analysieren Sie diese miteinander. Benutzen Sie dazu das folgende Modell zur Ermittlung der Übereinstimmungsrate. Überlegen Sie sich anschliessend z.b. die folgenden Fragen: Wo fanden unterschiedliche Einschätzungen statt? Was waren die Gründe? Wie könnte dies in Zukunft vermieden werden?.

Boehm/Weinberg zeigen, wie die Übereinstimmungsrate zwischen Beobachter/innen berechnet werden kann (siehe Seite 101).

Die Autoren betonen, dass die Übereinstimmungsrate bei 0.80 oder höher liegen sollte.

Tipps zur Beobachtung

- Beobachtungsraster sollten nicht zu komplex angelegt werden, da sie sonst die Beobachtenden schnell überfordern.
- Manchmal fällt einem in der Beobachtungsphase eine Einzelheit auf, die nichts mit der Beobachtungsaufgabe zu tun hat, aber dennoch wichtig ist. Solche «ungeplanten Beobachtungen» sollten als Memo aufgeschrieben und festgehalten werden. Häufig sind sie für die weitere Diskussion innerhalb eines Projektes besonders wichtig.

Neben der direkten Beobachtung gibt es auch die Möglichkeit der «Beobachtung aus zweiter Hand». Hier werden von den Forschenden Fotos oder Filme analysiert, welche die Perspektive der Fotografierenden bzw. Filmenden ausdrücken. In einem kleinen Praxisprojekt wurden z.B. Behinderte animiert, ihre Umgebung fotografisch festzuhalten. Durch die Auswertung des dabei entstandenen Materials sollte ein Einblick in die Weltsicht der Betroffenen eröffnet werden.

Schritte	Ereigniskategorie			
1 Zähle die Striche für Beobachter A und B für jede Kategorie zusammen	Lehrer fragt nach spezifischen Fakten einer Meinung. Anwendung von Kenntnissen		Beobachter A JHT II IIII I	Beobachter B JHT III II
2. Zähle die Anzahl der Beobachtungen von A und B zusammen		Total	12 + 10 = 22	
3. Zähle die Anzahl der Übereinstimmungen in jeder Kategorie und über die Kategorien hinweg zusammen	Übereinstimmungen bei spezifischen Fakten einer Meinung. Anwendung von Kenntnissen	 Total	5 3 1 9	
Teile die Anzahl der Übereinstimmungen durch die Gesamtzahl der Beobachtungen			9/22 = .409	
Multipliziere den Quotient mit der Anzahl der Beobachter (hier: 2)			2 x .409 = .82 Übereinstimmungsrate = .82	

Beobachtungsbogen Nr. _____

Beobachtungsthema _____

Kategorien \ Zeiten	Datum Zeit	Datum Zeit	Datum Zeit	Datum Zeit

Beobachtete:

Beobachter/in:

Ort:

Kommentar:

Auswertung

Bei empirischen Daten handelt es sich um objektivierte Erfahrungen, wie sie mit den Instrumenten «eingefangen» werden, welche im letzten Kapitel beschrieben wurden. Hier geht es nun um die systematische Auswertung von Daten. Dabei unterscheidet man zwischen quantitativer und qualitativer Auswertung. Gemeinsam ist beiden Formen, dass das Datenmaterial auf zentrale Gesichtspunkte bezogen wird, indem man Häufigkeiten auszählt und Kennwerte oder «typische» Kategorien bildet. Auf die Analogie im Vorgehen qualitativer und quantitativer Auswertung verweist Schlömerkemper: «So wie man versucht aus einem Text herauszuarbeiten, was in seiner Tiefenstruktur verborgen ist oder sein könnte, so ist die (quantitative) Empirie der Versuch, aus Daten herauszuholen, was an Strukturen in ihnen zum Ausdruck kommen kann» (Schlömerkemper 2010, S. 93).

Allerdings wäre es falsch, quantitative Daten den qualitativen gegenüber zu bevorzugen, weil Zahlen objektiver und eindeutiger sind (vgl. dazu auch das erste Kapitel dieses Buches). Dennoch ist in forschungsorientierten Seminarveranstaltungen immer wieder zu erleben, wie schnell Studierende sich auf die Methode des geschlossenen Fragebogens stürzen. Dieser scheint leicht zu handhaben (man kann die Bogen den Befragten zusenden, ohne dass man für die Fragenbeantwortung anwesend sein muss) und auszuwerten (indem man die Antworten auszählt und in Prozente umwandelt).

Oft kommt es später jedoch zur Ernüchterung: Der Rücklauf der Bogen ist enttäuschend gering, und es wird notwendig, in aufwendigen Aktionen kurzfristig nachzufassen. Aber auch die Auswertung der Daten ist schwieriger als gedacht – vor allem dann, wenn die Resultate den Erwartungen nicht entsprechen und aus den Ja-/Nein-Items kein übergreifendes Muster ersichtlich wird, so dass man kaum Rückschlüsse auf dahinterstehende Motive erhält. Der Stoßseufzer einer Studierendengruppe: «Da sind wir von der Annahme ausgegangen, dass die Mädchen den Jungen überlegen sind. So steht's doch auch in allen Studien, die wir gelesen haben. Weshalb ist es hier aber umgekehrt. Das kann doch gar nicht sein.»

Häufig ist es denn auch so, dass sorgfältige qualitative Interpretationen mehr aussagen als nackte Zahlen. So wird z.B. im Bereich der Umfrageforschung heute oft die Methode der Focus-Gruppen gegenüber der klassischen (empirischen) Telefonbefragung bevorzugt. Erfahrungen zeigen: Focus-Gruppen erreichen mit geringeren Mitteln aussagekräftige Resultate. Oft ermöglichen sie sogar eine vertiefte Problemsicht, während die Aussagen der von einem Marktforschungsinstitut beim Abendessen mit dem Telefon gestörten Befragten mit einer gewissen Vorsicht zu geniessen sind.

Dennoch möchte ich dies nicht als generellen Vorbehalt gegen quantitativ orientierte Forschung verstehen. Es handelt sich nicht um eine Glaubensfrage, sondern um eine pragmatische Abschätzung, welche Art von Forschung für die angestrebten Ziele jeweils am meisten «bringt». War zu Zeiten der «kritischen Theorie» in den Siebzigerjahren die Frage «quantitativ» oder «qualitativ» beinahe eine Glaubensfrage, so hat sich diese Frontstellung heute abgeschwächt. Geht es darum, in einem systemischen Forschungsparadigma eine dichte Beschreibung des Forschungsgegenstandes zu realisieren, wird man im Allgemeinen ohnehin mehrere Forschungsmethoden zur Untersuchung einsetzen. Dabei kann eine quantitative Untersuchung mittels Fragebogen als Ergänzung des Forschungsprogramms neben qualitativen Methoden durchaus sinnvoll oder sogar notwendig sein. Aber auch dort, wo ein Überblick über die mit der Fragestellung verbundene Problematik verlangt ist, eignen sich quantitative Verfahren gut (Wie verteilen sich die Nutzer? Mit welcher Häufigkeit kommt die Problematik vor? Welches Ausmass hat sie angenommen? Wie verteilen sich die Untersuchten auf die darin vorkommenden Variablen wie Alter, Schicht und Geschlecht?).

1. Quantitative Auswertung

Hier geht es darum, die interessierenden Gesichtspunkte der Realität zu quantifizieren, Kerngrössen zu identifizieren und aus den untersuchten Merkmalen Schlüsse zu ziehen.

Damit befinden wir uns im Gebiet der Statistik; was viele Studierende erst einmal abschreckt. Denn mit Mathematik hat man nicht unbedingt etwas im Sinn, wenn man sich für ein sozialwissenschaftliches oder ein Lehrer/innen-Studium entschlossen hat. Dennoch kommen Forschende – und dies betrifft auch schon Studierende – nicht um statistische Daten herum. Einmal müssen sie fähig sein, Statistiken zu interpretieren, auf welche in Fach- und Lehrbüchern immer wieder Bezug genommen wird. Das ist durchaus in einem kritischen Sinn gemeint. Denn manchmal wird mit quantitativen Daten auch Unsinn getrieben – etwa wenn ein empirischer Zusammenhang zwischen Fernsehkonsum und Aussagen zur Gewalt in der Interpretation plötzlich kausal interpretiert wird. Zweitens ist es aber wichtig, wenn man selbst empirische Projekte durchgeführt hat, diese auch in einem sinnvollen Rahmen auszuwerten. Auch wenn es in diesem Buch nicht möglich ist, grundlegend in die Statistik einzuführen, ist es wichtig, wenigstens einige Grundlagen zu vermitteln. Diese sollen einfache Auswertungen erlauben, welche oft für die Interpretation der Daten ausreichen. Konkret beschränke ich mich auf die deskriptive Statistik («beschreibenden» Statistik), die sich zum Ziel setzt, Datensätze zusammenzufassen und über aussagekräftige Kennwerte zu beschreiben. Wer in der Auswertung von statistischen Daten weitergehen will, hat zwei Möglichkeiten:

- Man zieht für seine Auswertung einen Experten bei, der sich mit statistischen Daten auskennt. Dies ist oft sinnvoller, als sich mit mathematischen Verfahren abzuquälen, die man auch am Schluss noch nicht richtig durchschaut. Sich blind von einem Statistikprogramm Werte auszudrucken, deren Gültigkeitsbedingungen man nicht kennt, ist jedenfalls kaum zu empfehlen.
- Man macht sich selbst fit, indem man einen Statistikkurs besucht oder sich an der Literatur orientiert. Allerdings muss man hier aufpassen: Auch Bücher, welche sich als allgemeinverständliche Einführungen preisen, sind meist nicht so trivial, wie es den Anschein macht. Sehr schnell finden sich auch hier komplizierte Summenformeln und Wahrscheinlichkeitsberechnungen.

Für die Einführung in die Statistik gut geeignet sind etwas folgende Bücher:

Udo Kuckartz u.a. Statistik. Eine verständliche Einführung. Wiesbaden 2010
Dieses Buch ist nicht nur als Einführung geeignet; es schlägt immer wieder den Bogen zur Auswertung von quantitativen Auswertung von Daten mit Statistikprogrammen wie SSPS oder Systat.

Markus Oestreich, Oliver Rhomberg, Keine Panik vor Statistik! Erfolg und Spass im Horrorfach nichttechnischer Studiengänge, Wiesbaden 2010
Die Autoren bemühen sich um eine einfache Erklärung des Vorgehens bei statistischen Auswertungen, das sie mit vielen Beispielen illustrieren. Um das Lernen zu versüssen, versuchen sie eine lockere und witzige Darstellung in Wort und Bild. Manche Studierende finden die eingestreuten Witze zur Überbrückung des Lernstaus «cool», andere finden das zwanzigste Beispiel mit Bierdosen eher abgestanden.

Deborah Rumsay, Statistik für Dummies. Weinheim 2010
Dieses Buch richtet sich überhaupt nicht an Dummköpfe und führt schrittweise in die Statistik ein. Besonders gelungen ist der Teil zur Statistik im Alltag, der detailliert darauf hinweist, worauf man bei der Lektüre empirischer Untersuchungen zu achten hat.

2. Verteilungen und Kennzahlen der deskriptiven Statistik

Häufigkeitsverteilungen

Eine Befragung von Kindern und Jugendlichen ergibt für das Alter der Befragten folgende Häufigkeiten:

Alter	Anzahl Jugendliche
12	3
13	4
14	2
15	5
16	1

Neben der tabellarischen Häufigkeitsdarstellung sind zur Veranschaulichung tabellarische Darstellung («Diagramme»), die z.B. mit Excel auf Knopfdruck erzeugt werden können, besonders hilfreich. Ein Balkendiagramm (Histogramm) bildet zum Beispiel die obenstehenden Altershäufigkeiten im nachfolgenden Diagramm ab.

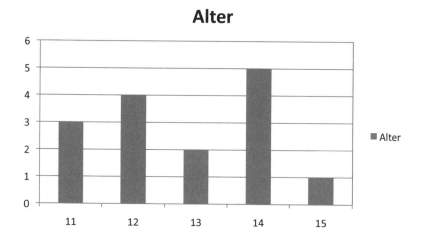

Oft auch verwendet man Kuchen- bzw. Tortendiagramme zur Darstellung, die ebenfalls mit Excel oder einem Statistikprogramm erzeugt werden können. Sie werden häufig für Prozentzahlen, die sich insgesamt auf 100 Prozent aufsummieren, angewandt.

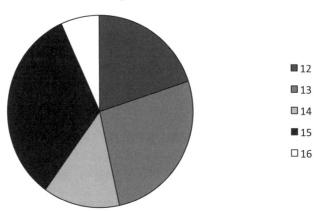

Vielfach ergeben sich bei Untersuchungen schon interessante Resultate, wenn man auf der Ebene von Prozentzahlen arbeitet und diese durch entsprechende graphische Präsentationen (Balkendiagramme, Tortendarstellungen) verdeutlicht. Ein gutes Beispiel dafür sind die vom Medienpädagogischen Forschungsverbund seit über zehn Jahren herausgegeben JIM- und KIM-Studien zur Mediennutzung von Kindern und Jugendlichen, die ausschliesslich auf prozentualisierten Häufigkeitsverteilungen beruhen. So zeigt die untenstehende Grafik aus der Kim-Studie 2010 die Entwicklung der täglichen Online-Nutzung von 2006 bis 2010 in Prozenten. Das Beispiel belegt, wie eine Fragebogen-Studie schon auf der Basis von Prozentwerten zu informative Resultaten führt.

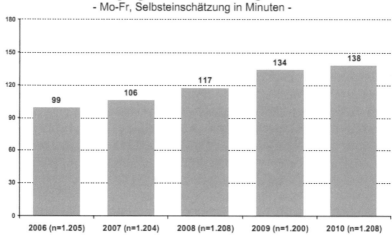

Mittelwert, Modalwert und Median

Häufigkeitsverteilungen können zudem durch Kennwerte charakterisiert werden; diese Werte dienen dazu, die Daten die «mit einem Blick» auf eine aussagekräftige Weise zusammenzufassen.

Am Bekanntesten ist das arithmetische Mittel (Durchschnitt). Die Häufigkeitswerte werden zusammengezählt und durch die Anzahl der n-Fälle dividiert. Wer in der Schule den Notendurchschnitt in den einzelnen Fächern berechnet hat, um sicher zu sein, dass der zur Promotion notwendige «Schnitt» erreicht wurde, dem muss man das Verfahren nicht weiter erläutern. Im obigen Beispiel des Alters beträgt das arithmetische Mittel der Werte 13,8 Jahre.

Neben dem Mittelwert interessieren manchmal auch der «Modalwert» (der am häufigsten vorkommende Wert) – in unserem Beispiel 15. Im Weiteren kann der sogenannte «Median», nämlich der mittlere Wert einer Reihe von Werten, die in eine Rangordnung gebracht wurden, gebildet werden. In unserem Fall der Altersverteilung heisst das:

12 / 12 / 12 / 13 / 13 / 13 / 13 / **14** / 14 / 15 / 15 / 15 / 15 / 15 / 16

Der Medianwert beträgt also 14. Er ist vor allem gegenüber «Ausreissern» stabil. Auch wenn ein 25. Jähriger anstelle des 16-Jährigen mit in unsere Interviews einbezogen worden wäre, ändert das am Medianwert nichts. In Einzelfällen kann der Unterschied zwischen dem Median und dem arithmetischem Mittel gravierende Auswirkungen haben – so in folgendem Arbeitsteam, dessen Mitglieder folgenden Lohn im Monat (in Euro) verdienen:

Chef:	12.000
Stellvertreter:	5.500
Mitarbeiter 1:	4.000
Miarbeiter II:	3.000
Teilzeitangestellte	1.500

Hier beträgt der arithmetische Mittelwert 5.200; der Median beträgt aber lediglich 4.000 Euro und bildet den «Durchschnittsverdienst» in diesem Arbeitsteam eher besser ab.

Streuung: Spannweite und Varianz

Will man die Streuung der Daten noch besser in den Griff kriegen, so gibt es auch dazu spezielle Masse. Eine einfache Kenngrösse für die Streuung der Werte ist die Spannweite. Hier wird der kleinste Wert vom grössten abgezogen. Im Beispiel des Arbeitsteams beträgt die Spannweite 10.500 Euro – also eine ganz erkleckliche Summe.

Komplizierter zum Berechnen sind die Varianz und die Standardabweichung[2]. Sie hält fest, wie weit die Werte einer Häufigkeitsverteilung vom arithmetischen Mittelwert entfernt liegen. Hug/ Poscheschnik machen am Beispiel von Schulnoten die Bedeutung der Varianz deutlich: «Es macht eben einen grossen Unterschied, ob das Ergebnis einer Klausur darin besteht, dass die meisten Noten um ‚die Mitte' herum zu liegen kommen, oder ob es statt dessen einige sehr gute Zensuren auf der einen und einige sehr schlechte auf der anderen Seite des Spektrums gibt, hingegen kaum Durchschnittleistungen – auch wenn der Mittelwert jeweils der Gleiche ist» (Hug/ Poscheschnik 2010, S. 171). Sind die Daten normalverteilt, worauf weiter unten kurz eingegangen wird, liegen 68 Prozent der Daten zwischen +/- dem Wert der Standardabweichung.

Wie die Standardabweichung berechnet wird, erklären die oben angegebenen Einführungen in die Statistik. Für einfache Berechnungen gibt es auch

---

2 Die Standardabweichung ist die Wurzel aus der Varianz ($s=\sqrt{v}$)

Online Rechner, welche die Arbeit abnehmen. Gibt man z.B. die 15 Werte zum Alter unserer Jugendlichen in den «Standard Deviation Calculator» von Easy Calcaluation.com ein (www.easycalculation.com/), so gibt das Online-Programm folgende Werte aus:

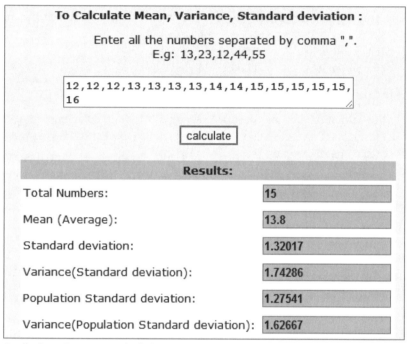

Quelle: http://www.easycalculation.com/statistics/standard-deviation.php

Kreuztabellen und Chi-Quadrat

Bevor wir noch einen Schritt weiter in der Datenauswertung gehen, soll erst der Unterschied verschiedener Skalierungen von Daten dargestellt werden. Denn davon hängt ab, welche statistischen Verfahren erlaubt sind. Unterschieden wird zwischen Nominalskala, Ordinalskala und Intervallskala. Damit ist Folgendes gemeint:
- *Nominalskalen* lassen nur Aussagen über Unterschiede zwischen Merkmalen zu – ohne dass diese in eine Rangfolge gebracht werden können. Ein Beispiel dafür sind Merkmale wie Geschlecht (männlich-weiblich) oder Religionszugehörigkeit (katholisch-evangelisch-Islam) etc.
- Sind die Merkmale graduell unterschiedlich geprägt, ohne dass die Abstände in gleich grosse Schritte unterteilt werden können, spricht man

von einer *Ordinalskala*. Beispiele dafür sind Merkmale wie die soziale Schicht oder auch Schulnoten, wo eine Schülerin mit einer 1 besser als ein Schüler mit einer 2 oder sein Mitschüler mit einer 3. Allerdings sind die Abstände zwischen der 1, der 2 und der 3 nicht gleich, so dass lediglich die Rangfolge festgelegt ist (1 «ist besser» als 2; 2 «ist besser» als 3.

- Erst bei einer *Intervallskala* sind auch die Abstände zwischen den Messwerten genau bestimmt. Das gilt für Merkmale wie das Alter genauso wie für IQ-Tests oder die Zeit, welche jemand zur Erledigung einer Arbeit benötigte. Das Gesagte macht z.b. deutlich, dass die Berechnung einer Standardabweichung eine Intervallskalierung voraussetzt, Denn ohne diese Voraussetzung kann man keinen Abstand zum Mittelwert berechnen.

Wenn wir nun zum Frage von Kreuztabellen kommen, so ist hier wichtig, dass diese Form der Datenauswertung schon für nominalskalierte Daten wie das Geschlecht gilt. So stellen wir in einer Untersuchung von Schülerinnen und Schülern fest, dass 50 Prozent Computerspiele spielen und 50 Prozent nicht (je 80 Personen). Nun wollen wir aber wissen, ob hier ein Unterschied zwischen Jungen und Mädchen besteht. Eine Übersicht über die Verteilung gibt die folgende Tabelle:

	Spielt Computerspiele	Spielt nicht
Mädchen	20	50
Jungen	60	30
Insgesamt	80	80

Die zu beantwortende Frage lautet, ob man zwischen den beiden Variablen einen gesicherten Zusammenhang annehmen kann. Denn erst einmal stellen wir nur fest, dass Jungen häufiger Computerspiele spielen als Mädchen. Doch es könnte sich auch um ein zufälliges Resultat handeln.

In einem ersten Schritt gehen wir von der Erwartung der Häufigkeit aus, die sich dann ergibt, wenn die Zuordnung der 70 Mädchen und der 110 Jungen zum Merkmal «Computerspielen» rein zufällig erfolgt wäre. Ein Online Rechner von www.daten-consult.de nimmt hier die Berechnung ab. So zeigt er erst einmal die Erwartungswerte, wenn kein Zusammenhang zwischen «Spielt Computerspiele» (A) und «Spielt nicht» bestünde:

	Männer	Frauen	Summe
A:	35	B: 35	70
C:	45	D: 45	90
	80	80	160

Quelle: http://daten-consult.de/frames/statrechnen.html

Die Stärke des Zusammenhangs wird über den Chi-Quadrat-Wert, der den Unterschied des realen vom erwarteten Wert beschreibt, dargestellt. Je nach Signifikanzniveau ist der angezeigte Zusammenhang zu 95 Prozent (0,05) oder zu 99 Prozent überzufällig (0,01). Der Rechner von Daten-consult.de gibt zur Signifikanz unseres Beispiels folgende Werte aus:

Zweiseitige Signifikanz:	< 0.001
Chi-Quadrat-Wert:	22,857
Freiheitsgrade:	1
Ergebnis:	SEHR SIGNIFIKANT

Quelle: http://daten-consult.de/frames/statrechnen.html

Die Kreuztabelle, die hier berechnet wurde, umfasst 2X2 Felder. Der Chi-Quadrat-Test ermöglicht allerdings auch eine Berechnung mehrerer Kategorien (wobei das Daten-Consult Tool lediglich noch die Möglichkeit einer 2X3 Tabelle vorsieht. Es gibt jedoch im Netz eine ganze Reihe von Rechnern, die weniger eingeschränkt sind. Ein gutes Beispiel ist das Online-Tool von Christopher J. Preacher (http://people.ku.edu/~preacher/chisq/chisq.htm).

Bei Kreuztabellen ist allerdings in jedem Fall auf zwei Punkte zu achten:
1. In jeder Zelle der Tabelle sollten mindestens 5 Fälle vorkommen, damit eine Berechnung noch sinnvoll ist.
2. Zusammenhänge sind streng von Ursachen zu unterscheiden. Das beste Beispiel dazu ist das Beispiel der Geburtsraten, die im Frühling hoch sind, wenn die Störche wieder in unsere Breitengrade zurückkommen. Natürlich bringen Störche keine Kinder, so dass es völlig falsch wäre zu behaupten: WEIL die Störche aus Afrika zurückkommen, ist die Geburtenrate hoch.

Umfassende Statistik-Tools, mit denen man eine Vielzahl von Online Berechnungen durchführen kann, bieten an:
- Vassar-Statistics (http://faculty.vassar.edu/lowry/VassarStats.html)
- Online Tools von Graphpad Software (http://www.graphpad.com/quickcalcs/index.cfm)

Allerdings ist zu berücksichtigen, dass man bei allen diesen Tools die Daten einzeln eingeben muss. Benutzt man dagegen ein Statistikprogramm wie SPSS, so gibt man dort erst einmal die Häufigkeiten aller Daten seines Fragebogens ein und kann sich dann automatisch alle statistischen Berechnungen ausgeben.

Wer aber vorwiegend mit prozentualen Häufigkeiten arbeitet und einige Zusammenhänge in Kreuztabellen noch zusätzlich berechnen möchte, kommt gut mit solchen Online-Tools zurecht. Will man mehr, ist ein Statistikprogramm wie SPSS vorzuziehen, wobei zur Einführung das bereits erwähnte Buch von Kuckartz u.a. (2009) nützlich ist, das immer auch zeigt, wie man im Rahmen der erklärten statistischen Funktionen mit SPSS arbeitet.

Ausblick: Inferenzstatistik

An dieser Stelle brechen wir den Ausflug in die statistischen Gefilde ab. Wo weitergehende Analysen notwendig sind, kommt man um vertieftes Expertenwissen nicht herum. Vor allem geht es hier um Fragen der Inferenzstatistik, wo man über reine Vergleiche – z.B. von Mittelwerten – hinaus von den Werten, die man in einer Stichprobe gemessen hat, auf die zugehörige Grundgesamtheit schliessen will.

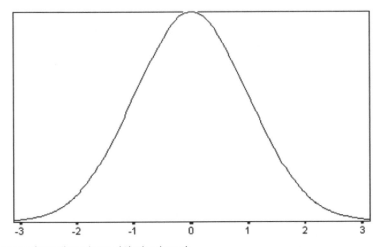

Normalverteilungskurve (Glockenkurve)

Dabei nimmt man an, dass viele Merkmale in der Gesellschaft normalverteilt sind, also in einer «Glockenkurve» abgebildet werden können. Die Frage ist dann wiederum, ob die Abweichung der in einer Stichprobe erhobenen Daten von dieser Kurve zufällig sind oder nicht. Konkret stellt man zwei Hypothesen auf, die man gegeneinander stellt – die Nullhypothese und die Alternativhypothese: Die Nullhypothese ist eine Negativhypothese; mit ihr wird behauptet, dass die zur Alternativhypothese komplementäre Aussage richtig ist. Sie besagt eigentlich nichts anderes, als dass der postulierte Zusammenhang nicht existiert (Kuckartz u.a. 2010, S. 136).

Beispiel eines Vergleichs von zwei Stichproben

«Angenommen man habe das Klimabewusstsein von Grundschulkindern auf dem Land und in der Stadt von zwei Zufallsstichproben mit jeweils 100 Kindern gemessen und die folgenden Mittelwerte für eine Skala ‚Klimabewusstsein' berechnet:
Grundschulkinder Stadt: 21,0
Grundschulkinder Land: 19,1
Mit Hilfe des t-Tests lässt sich – wie eingangs ausgeführt – analysieren, wie wahrscheinlich es ist, dass die Mittelwertdifferenz von 1,9 Punkten zufällig durch die Zusammensetzung der Stichproben entstanden ist» (Kuckartz u.a. 2010, S. 149).

Überall dort, wo man also statistisch abgesicherte Folgerungen über Resultate zieht, die verallgemeinert werden sollen, können inferenzstatistische Methoden sinnvoll sein. Allerdings muss Verallgemeinerung nicht immer heissen, dass man anhand von Stichprobenwerten mathematisch auf eine Grundgesamtheit schliesst. Aus einer qualitativen Perspektive kann man Verallgemeinerung auch als Ergebnis von Diskursen und Argumentationen betrachten, welche es plausibel erscheinen lassen, dass die Resultate aus 40 Gruppeninterviews allgemeine gesellschaftliche Tendenzen wiederspiegeln. Hier wäre nochmals auf die Verfahren der Abduktion zu verweisen, die ihre Schlüsse aus dichten Beschreibungen und umfangreichen Recherchen zu ziehen versuchen.

3. Qualitative Auswertung

Quantitative Forschung geht nach systematischen Regeln und Verfahren vor. Das bedeutet nun aber keineswegs, dass qualitative Forschung das pure Gegenteil davon ist – indem aus vorliegendem Datenmaterial (Interviews, Protokolle, Beobachtungsprotokolle, Akten etc.) nach Belieben und allein mit Intuition herausgezogen wird, was einem gerade passt (weil es die eigenen Vermutungen und Hypothesen zufällig gerade unterstützt).

Wichtig ist auch hier ein systematisches und kontrolliertes Vorgehen, um Bedeutungen, die von den Beforschten mit bestimmten Themen verbunden werden, zuverlässig herauszuarbeiten. Die Interpretation der Forschenden muss auch für Aussenstehende nachvollziehbar und plausibel sein.

Wo Personen interviewt werden, werden diese Interviews meist auf Band oder auf Video aufgenommen. Dazu reichen oft der eigene Laptop, das Handy oder ein Diktiergerät aus. Wichtig ist allerdings, dass man sich gut mit den Funktionen des benutzten Geräts vertraut macht und die Tonqualität ausprobiert. Nichts ist so frustrierend, wie wenn man nach einem gelungenen Interview feststellen muss, dass man nichts versteht, oder dass das Gerät gar nichts aufgenommen hat.

Transkription

Ein erster Schritt der Auswertung besteht meist darin, einen Interviewtext, den man auf Band aufgenommen hat, zu verschriftlichen. Das kann eine mühselige Arbeit sein, da aus einem einstündigen Interview oft bis 20 Seiten Text entstehen.

Doch diese Mühe lohnt sich, weil nur so eine systematische Analyse möglich ist. Will man den Aufwand geringer halten, ist es meist fruchtbarer, die Interviewzeit zu verkürzen, also nur kursorisch wichtige Textpassagen zu verschriftlichen. Das Transkribieren kann dabei auch an eine Fremdperson (Sekretariat) delegiert werden. Wenn der/die Forschende den Text indessen selbst transkribiert, hat dies den Vorteil, dass er/sie dadurch mit dem Text vertraut wird und oft schon beim Niederschreiben erste Ideen für die spätere Auswertung erhält. Dies kann die Zeitersparnis einer Fremdtranskription zum Teil wieder wettmachen.

Ist eine grössere Anzahl von Interviews zu transkribieren, so kann ein Fussschalter hilfreich sein, wo die Aufnahme auf Knopfdruck gestoppt und wieder eingeschaltet werden kann. Lösungen dazu finden sich auf www.audiotranskription.de.

Oft wird bei der Transkription von Texten mit speziellen Notationsformen gearbeitet, um jene Aspekte des mündlichen Sprachflusses zu wahren, die bei einem «normalen» Text verlorengehen (Sprechpausen, Betonungen, Füllwörter etc.). Dazu gibt es formelle Notationssysteme wie das Folgende, welches aus «Grundlagen der Praxisforschung» (Moser, 1995, S. 182 f.) stammt.

[	A: das geht [doch nicht B: [Aber	Die Klammern bezeichnen jenen Punkt, wo sich ein Gesprächsfaden mit einem zweiten überlappt.
=	C: Das ist mir klar = D: = Natürlich finde ich auch	Die Gleichheitszeichen am Ende und am darauf folgenden Anfang der Zeile bedeuten, dass es dazwischen keine Pause gab.
(.4)	Aber (.4) nein ich glaube	Zahlen in Klammern zeigen Pausen (in Zehntelsekunden) an.
(.)	Na gut (.) doch	Ein Punkt in der Klammer zeigt eine kurze Pause an, die nicht mehr als eine Zehntelsekunde dauert.
......	Was, das ist.	Unterstreichungen bezeichnen die Betonung etwa durch Veränderung der Tonhöhe oder besonderen Nachdruck.
:	so:weit	Doppelpunkte zeigen die Verlängerung des unmittelbar vorangehenden Lautes an. Die Anzahl der Doppelpunkte bezeichnet die Länge.
WORT	Ich sah das ÜBERHAUPT NICHT	Grossbuchstaben zeigen – im Verhältnis zum umgebenden Gesprächskonflikt – speziell laut Gesprochenes an.
.hhh	Ich glaube, dass (.3) .hh	Eine Folge von h mit vorangestelltem Punkt bedeutet ein Einatmen (ohne Punkt ein Ausatmen). Die Anzahl der Buchstaben bezeichnet die Länge.
( )	spätere Freuden und ( )	Eine leere Klammer zeigt an, dass der Auswerter den Ausdruck nicht verstanden hat.
(Wort)	Gibt es (hier) vieles	Eingeklammerte Wörter bezeichnen, was wahrscheinlich zu verstehen war.
(( ))	bestätigt, dass ((setzt fort))	Doppelte Klammern enthalten die Beschreibung des Autors und keine Transkription.
,?	Was meinst du,?	Damit wird die Intonation des Sprechers angegeben.

Ob es sich lohnt, die zusätzliche Anstrengung einer Berücksichtigung solcher spezieller Regeln auf sich zu nehmen, hängt davon ab, welches Ziel mit den jeweiligen Interviews verbunden ist. Geht es lediglich um sachliche Informationen, die berichtet werden, kann man oft darauf verzichten. Überall dort aber, wo es – wie zum Beispiel bei einem narrativen Interview – wesentlich um das Wie einer Erzählung geht, wird man auf solche Transkriptionsregeln nicht verzichten können. So kann etwa eine lange Pause mitten in einer Interviewpassage für das Verständnis einer biografischen Erzählung eine wesentliche Rolle spielen. Aber auch Füllwörter wie aah, mhm, hm können je nach Platzierung und Gesprächsfortgang ganz unterschiedliche Bedeutungen erhalten.

Die Textinterpretation
Während die quantitative Analyse eher extensiv bestimmte Merkmale und Gesichtspunkte bzw. deren Zusammenhänge beschreibt, geht die qualitative Datenanalyse stärker in die Tiefe. Hier wird versucht, zentrale Strukturmomente interpretativ zu erschliessen.

Oft werden dabei nur wenige Fälle untersucht. Wenn man dennoch versuchen will, daraus vorsichtige Verallgemeinerungen abzuleiten, dann kann dies nicht aufgrund statistischer Generalisierung geschehen, sondern weil man Argumente dafür beibringen kann, dass es sich um allgemein gültige Muster handelt, die in einer Kultur typischerweise vorkommen. Wir werden also mögliche Regeln für die untersuchten Fälle präsentieren, so wie wir es im Abschnitt zur Logik des abduktiven Schliessens begründeten[3].

Allerdings muss man dabei vorsichtig sein. Erst einmal handelt es sich um Kategorien und theoretische Konstrukte, die nur für die Beforschten gelten. Es müssen deshalb auch Gründe beigebracht werden, warum die Ergebnisse darüber hinaus gelten (z.B. weil es sich um Strukturmerkmale handelt, die von allen Menschen eines Kulturkreises geteilt werden, weil Untersuchungen an ähnlichen Personengruppen analoge Resultate erbracht haben, weil man andere Strukturdaten zur Hand hat, welche die Interpretation stützen etc.). Diese Abstützung im Datenmaterial fällt umso leichter, je dichter die zugrunde liegende Beschreibung ausgefallen ist. Philipp Mayring fasst zusammen: «Verallgemeinerbarkeit der Forschungsergebnisse muss nach qualitativem Denken immer im spezifischen Fall begründet werden. Es müssen Argumente angeführt werden, warum die hier gefundenen Ergebnisse auch für andere Situationen und Zeiten gelten; es muss expliziert werden, für welche Situationen und Zeiten sie gelten.» (Mayring, zit. nach Ausgabe 1990, S. 12).

---

3   Es ist wichtig, hier das abduktive Moment nochmals zu betonen, weil manche Vetrtreter der qualitativen Forschung – etwa Glaser/Strauss (1967) – dabei das Verfahren der Induktion als grundlegend betrachteten.

4. Auswertungsverfahren in der qualitativen Forschung

Die Struktur qualitativer Auswertung kann am Beispiel einer Untersuchung zur Rollenverteilung in Familien verdeutlicht werden: So wurden die betroffenen Personen in ein Gespräch über die Rollen in der Familie verwickelt, das aufgezeichnet wurde. Die wenig vorstrukturierten Gespräche ergaben insgesamt 150 Seiten Text. Die Aufgabe des/der Forschenden wird es nun sein, das in den Texten zum Ausdruck kommende Verhalten zu deuten und auf theoretische Konstrukte zu beziehen. In solchen Auswertungsprozessen geht es weniger um die Überprüfung bereits vorgegebener Hypothesen wie um die Theorieentwicklung.

Allerdings wird der/die Forschende bereits mit Vorannahmen in die Auswertungsphase einsteigen: Er/sie hat eine Forschungsfrage bzw. ein Forschungsinteresse definiert, das schon Erwartungen und theoretische Überlegungen mit einschliesst. Aber auch seine/ihre Beobachtungen während des Forschungsprozesses und der Verschriftlichung der Interviews werden wiederum neue – vielleicht auch veränderte – Vermutungen generieren.

Diese «Vorurteile», welche die Forschenden notgedrungen in den Auswertungsprozess mitbringen, sind so lange nicht problematisch, als sie offen für weitere Lesarten des Textes bleiben. Vielmehr strukturieren und unterstützen sie den Auswertungsprozess zu Beginn. Dabei wird man als Interviewer/in schnell die Erfahrung machen, dass in der Distanz einer Auswertungssituation auch Textpassagen plötzlich wichtig werden, deren Bedeutsamkeit man im Druck der Interviewsituation nicht wahrzunehmen vermochte.

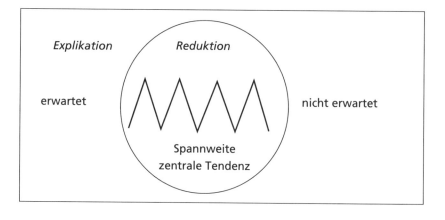

Das Verfahren
In Weiterführung eines Vorschlags von Patricia Cole (1994) kann folgendes einfaches Modell der qualitativen Datenanalyse zugrunde gelegt werden, das zwischen drei Schritten unterscheidet.

A. Kategorisierung der Daten durch Codieren (formulierende Interpretation)
Aus den vorliegenden Texten werden Aussagen bestimmten Kategorien zugeordnet. Dadurch erhält der/die Forschende eine erste Struktur und Gewichtung der im Datenmaterial enthaltenen Aussagen. So könnten etwa im genannten Beispiel Aussagen zu Aspekten wie Geschlechterunterschied oder Berufsperspektiven als Codes definiert werden.

B. Die Verdichtung der Daten (Reduktion)
Hier geht es darum, Hauptkategorien und -themen zu bilden und die Einzelthemen darauf zu beziehen:
a) zentrale Tendenzen aus dem zugrunde liegenden Text zu erschliessen. So könnte man etwa im Rahmen der bereits erwähnten Familiengespräche darauf kommen, dass alle untersuchten Familien über das Bedürfnis sprechen, Familiensphäre und Beruf zu trennen. Dann geht es aber auch darum,
b) innerhalb der zentralen Tendenzen Spannweiten festzustellen. Im obigen Fall könnte man also feststellen, dass die Trennung zwischen Familie und Beruf auf verschiedene Weise erfolgt: In einer Familie ist eine Person bestimmt, welche Diskussionen abschneidet, welche den Beruf betreffen, während in einer andern das Thema «Beruf» generell tabuisiert wird. In einer dritten Familie spricht der Vater nicht über berufliche Angelegenheiten, weil sich – wie er meint – doch niemand dafür interessiert.

C. Die Explikation der Daten (reflektierende Interpretation)
Die Daten werden danach auf theoretische Überlegungen hin verdichtet; sie werden also im Licht von theoretischen Konstrukten, die im Rahmen des Forschungsprozesses gebildet werden, expliziert.
a) Die Erwartungen des/der Forschenden werden erfüllt, indem die Daten die in der Fachliteratur vorgefundenen Überlegungen und die daraus entwickelten Hypothesen bestätigen. Die Ergebnisse des Forschungsprojektes können nun damit verknüpft werden.
b) Die Erwartungen bleiben unerfüllt, was bedeutet, dass neue Erklärungsmöglichkeiten gesucht werden müssen. D.h. es findet hier eine eigenständige Generierung theoretischer Konstrukte statt.

Im Rahmen der Explikation ist zudem auch abzuwägen, inwieweit vorsichtige Verallgemeinerungen möglich sind – indem z.B. der generelle Forschungsstand die eigene Hypothese unterstützt, oder indem begründet werden kann, dass die herausgearbeiteten Strukturmerkmale im Rahmen eines Kulturraumes universelle Gültigkeit beanspruchen können.

Wie geht man nun aber bei der Auswertung konkret vor? Dazu wird im Folgenden ein einfaches Modell vorgestellt (in der Literatur gibt es auch viel komplexere Verfahren).

1. *Codierung des Textes nach bestimmten Kategorien:* Der Text wird durchgegangen und nach bestimmten Kriterien durchsucht. Dabei wird man mit einigen vorläufig gebildeten Codes bzw. einem ersten Kriterienraster beginnen, wobei man diesen Kategorien systematisch die dazu passenden Textpassagen zuordnet. D.h. man indexiert die Interviewtexte. Gleichzeitig wird man im Verlauf des Codierens die Kategorien immer wieder verändern: Man verwirft bestehende Codes oder fügt neue hinzu – was dann wiederum dazu führt, den gesamten Text aufgrund des veränderten Rasters erneut durchzusehen. Weil es sich hier um eine iterative Tätigkeit handelt, die in immer neuen Schleifen die Kategorien verändert und anpasst, spricht man auch von «offenem Codieren».

Das folgende Beispiel zeigt, wie in einem qualitativen Interview, das in Leit- oder Hauptthemen (Freizeit, Mediennutzung) gegliedert war, die Bildung von Codes zu Unterthemen beginnt (Aufgaben, Abmachen etc.). Die Pfeile zeigen, dass ein Unterthema mehrfach angesprochen wird.

2. *Interner Kategorienvergleich:* Theorien beziehen sich auf Verknüpfungen zwischen einzelnen Kategorien. In diesem Sinne wird versucht, theoretische Konstrukte zu gewinnen, indem Beziehungen zwischen den Kategorien hergestellt werden. Insbesondere geht es auch darum, besonders wichtige und erklärungsmächtige Kategorien zu entdecken, welche zur Erklärung der Zusammenhänge im Zentrum stehen können. Mit anderen Worten: Man versucht zentrale Tendenzen, dann aber auch Spannweiten zu beschreiben.

   Im Rahmen dieses Prozess werden auch einzelne Kategorien immer bedeutsamer, es werden Abhängigkeiten sichtbar, sodass das Kategoriensystem immer stärker eine vernetzte Struktur erhält. Anselm Strauss spricht hier von «axialem Codieren»: Man kodiere immer intensiver und konzentrierter auf eine einzelne Kategorie hin. Damit erzeuge der/die Forschende allmählich ein dichtes Beziehungsnetz um die «Achse» der im Fokus stehenden Kategorie (Strauss, 2008, S. 101).

3. *Triangulation (externer Vergleich):* Die gewonnenen theoretischen Konstrukte werden mit anderen Zugriffen auf den Forschungsgegenstand verglichen (z.B. mit den Ergebnissen einer quantitativen Untersuchung). Auf diese Weise können die bisherigen Ergebnisse unterstützt werden. Es können sich aber auch Widersprüche zeigen, die dazu führen, dass man z.B. nochmals mit veränderten Kategorien in die Codierungsphase einsteigt.

4. *Bezug auf Fachliteratur:* Zusammenhänge und Hypothesen, die in der Deutungsarbeit auftauchen, werden mit den dazu formulierten Aussagen in der Fachliteratur verglichen. Daraus können sich z.T. auch wieder neue Fragestellungen ergeben, welche dazu zwingen, erneut in die Phase der Codierung (1) einzusteigen.

5. *Memos schreiben:* Das Memoschreiben ist keine eigentliche Phase der Projektarbeit. Vielmehr sollten während des gesamten Projektverlaufs Ideen und Gedanken, die spontan bei der Arbeit auftauchen, als Notizen festgehalten werden, auch dann, wenn man im Moment dieser Spur nicht weiter folgt. Werden kontinuierlich während des gesamten Auswertungsprozesses Memos verfasst, so kommen mit der Zeit eine Menge von Aufzeichnungen und Beobachtungen zusammen, die immer wieder einmal durchzuschauen und auszuwerten sind. Oft haben sich daraus in Forschungsprojekten fruchtbare neue Gesichtspunkte und Hypothesen entwickelt, denen man systematisch nachging und die zu überraschenden Erkenntnissen und Einsichten führten.

Aufgabe: Eine Übersicht über die Kunst des Memoschreibens findet sich in den «Grundlagen der Praxisforschung» (Moser 1995, S. 186-188). Überlegen Sie sich, was den Unterschied zwischen Memoschreiben und dem Führen eines Projekttagebuchs ausmacht, wie es oben beschrieben wird.

Fallrekonstruktive Verfahren

Bisher sind wir davon ausgegangen, dass die Analyse des vorliegenden Datenmaterials über Codierungen zu theoretischen Konstrukten führt. Im anschliessend dargestellten Beispiel der Schülerinnenbriefe wird die Auswertung auf diese Weise durchgeführt.

Man könnte nun jedoch auch davon ausgehen, dass sich die Briefe als einzelne Fälle auf eine begrenzte Anzahl von Schülerinnen-Typen beziehen, die es in der Analyse herauszuarbeiten gilt. Ein solches fallrekonstruktives Verfahren liegt etwa nahe, wenn man mit einzelnen Personen qualitative Interviews führt und danach in der Auswertung verschiedene Persönlichkeitstypen feststellt. Als «Fall» kann eine Untersuchungseinheit sowohl so bestimmt werden, dass eine einzelne Person als auch eine Gruppe oder eine Organisation der Analyse zugrunde gelegt werden.

Ein Forschungskonzept, das auf diese Weise an Fällen ansetzt, hat Bohnsack (2008) mit seiner «dokumentarischen Methode» entwickelt. Ähnlich wie im vorliegenden Modell mit der Kategorisierung der Daten nach ihrem Themenbezug, beginnt er den Auswertungsprozess mit einer formulierenden Interpretation, welche der Interpret/die Interpretin noch nicht «zum Gegenstand begrifflich-theoretischer Explikation macht» (Bohnsack 2008, S. 134). Die Interpretierenden versuchen hier also erst einmal aus der Perspektive der Interviewten deren Aussagen systematisiert festzuhalten, indem die angesprochenen Themen kodiert werden.

Erst in der anschliessenden reflektierenden Interpretation geht es dann um die Rekonstruktion und Explikation des Rahmens, innerhalb dessen das Thema steht. Dabei hilft der Vergleich mit den Gegenhorizonten jener Fälle, die sich vom gerade zur Diskussion stehenden abheben – weil sie mit dem vorliegenden Fall kontrastieren. Hier geht es damit ebenfalls um die weitere Verdichtung und Explikation der Daten.

Ein Beispiel: Die Evaluation von Schülerinnen-Briefen

Nach Abschluss eines Projektes, in welchem eine Studierendengruppe mit Schülern und Schülerinnen eine Unterrichtseinheit «Römer» durchführte, erhielten sie Dankesbriefe aus der Schule. Die im Folgenden abgedruckten Briefe sollen als Teil einer Projektevaluation systematisch ausgewertet werden[4]. Dabei kann nach folgendem Schema vorgegangen werden.

1. Der Text wird durchgelesen. Dabei wird auf Aspekte geachtet, die immer wieder vorkommen. Für diese wird als Kurzform eine Codierung festgelegt. Wenn z.B. in verschiedenen Texten immer wieder Kritik am Projekt geäussert wird, könnte man als Codierung «Kritik» wählen.

---

4 Die im Folgenden ausführlich dargestellte Auswertung bezieht sich vornehmlich auf die Auswertungsphasen der Codierung und des Kategorienvergleichs, die hier demonstriert werden sollen.

2. Am Rand des Textes werden nun systematisch allen entsprechenden Stellen die passenden Codierungen zugeordnet. Gleichzeitig können im Rahmen der Textarbeit neue Aspekte auftauchen, die ebenfalls codiert werden.
3. Die einzelnen Codierungen werden miteinander verglichen:
   - Welches sind die häufigsten?
   - Gibt es Beziehungen zwischen einzelnen Kategorien (immer wenn eine Codierung erwähnt wird, folgt gleich eine zweite)?
   - Kann man eine oder mehrere zentrale Konzepte entdecken, welche den Texten «zugrunde liegen»?
   - Gibt es Kategorien mit interessanten «Spannweiten»?
4. Die Ergebnisse sind theoretisch im Zusammenhang kurz darzustellen.

Im Folgenden sind die Briefe wörtlich wiedergegeben. Leser und Leserinnen sind eingeladen, diese im Sinne einer Übung auszuwerten. Im Anhang dieses Buches findet sich der Codierungsversuch des Autors. Auf diesem beruht die im Anschluss an die Briefe dargestellte Interpretation.

Briefe an die Animatoren und Animatorinnen

Lieber ...
Am Donnerstag fand ich es sehr toll. Ich freute mich, dass ihr gekommen seid. Ich war beim Schmuck. Was ich nicht so toll fand: Ich hätte noch etwas bei den Rüstungen/Waffen machen wollen. Aber dafür war die Zeit zu kurz. Es würde mich sehr freuen, wenn wir an einem anderen Tag weiter machen würden. Kommt ihr mit ins Lager? Das wäre toll.
   S. (m)

Sali ...
Mir hat der Donnerstag sehr gut gefallen. Was ich sehr gut von euch gefunden habe, ist, dass ihr gesagt habt: «Hier hat es Bücher, ihr könnt machen, zu was ihr Lust habt.» Was ich nicht so toll gefunden habe, ist, dass man nicht beides machen konnte. Kommt bitte, bitte mit uns ins Lager.
   Viele liebe Grüsse S. (m)

Hallo
Zuerst einmal vielen Dank, dass ihr gekommen seid. Ich fand es sehr toll! Schade finde ich, dass ich nicht beides machen konnte. Was ich besonders toll finde, dass ihr Specksteine mitgebracht habt. Ich habe noch nie einen Speck-

stein bearbeitet. Ich und ein paar andere aus meiner Klasse würden es ganz toll finden, wenn ihr in unser Schullager mitkommen würdet.
  B. (w)

Hallo zusammen
Mir hat der Tag mit euch sehr gut gefallen, obwohl ich mit der Rüstung noch nicht ganz fertig bin. Ich hoffe, dass wir noch weitermachen können, damit ich die Rüstung komplett machen kann. Ich freue mich auf das Ende Thema, weil unsere Klasse dann ein Römerfest veranstaltet. Viele liebe Grüsse schickt euch
  D. (m)

Liebe ...
Es hat mit am Donnerstag sehr gefallen. Leider war die Zeit ein bisschen kurz. Ich hoffe, ihr kommt ins Lager mit.
  H. (m)

Liebe ...
Ich habe diesen Donnerstag ganz toll gefunden, aber ich hätte gerne noch länger gearbeitet. Das Thema Römer werden wir mit einem kleinen Römerfest abschliessen. Ich freue mich jetzt schon darauf. Im Juni gehen wir mit der Klasse in ein Klassenlager nach Oltingen (BL). Ich würde mich sehr, sehr freuen, wenn ihr ins Klassenlager mitkommen könntet! Letzthin haben wir gelernt, wie und was die Römer assen und tranken, es war nicht sehr appetitlich.
  Viele liebe Grüsse C. (w)

Liebe ...
Ich danke euch für den Donnerstag. Es hat mir sehr gut gefallen. Ich hätte bis 16.30 Uhr arbeiten (basteln) können. Wenn ihr Lust habt, mit ins Lager zu kommen, seid ihr herzlich eingeladen. Ich habe Schild, Hut, Säbel und Marschsandalen gebastelt. Andrea, ich danke dir, dass du mir bei den Marschsandalen und sonst noch geholfen hast. Magali und Markus, der Zaubertrank hilft mir das ganze Jahr. Es hat mir Spass gemacht.
  Viele Grüsse J. (w)

Sali

Gut gefallen hat mir, einmal etwas ganz anderes zu tun. Toll wäre es auch, wenn ihr ins Lager kommen würdet. Ich hätte gerne auch noch Schmuck gemacht.

   B (w).

Liebe ...

Schade war nur, dass wir zu wenig Zeit hatten. Sonst hat es mir gefallen. Warum habt ihr aber nicht auch noch eine Geschichte vorgelesen? Kommt ihr wieder einmal und bringt einen Zaubertrank mit? Vielleicht wird das ja schon im Lager möglich. Ihr kommt doch?

   K. (m)

Sali mitenand

Der Nachmittag war zu kurz. Wir hätten mit den Waffen einen Römerkampf machen sollen. Doch es gibt noch ein Römerfest. Da nehmen wir die Waffen sicher mit. Sonst war alles ganz cool.

   M. (m)

Hoi zäme

Das Basteln hat mir gut gefallen. Aber ich hätte gerne beides gemacht. Könnt ihr nochmals vorbeikommen. Dann könnten wir das nachholen.

   Grüessli N. (w)

Hallo

Kommt ihr wieder einmal? Ich war bei den Waffen. Bin aber nicht ganz fertig geworden. Aber ich mache jetzt zu Hause Waffen. Dort machen wir dann vielleicht Römerkämpfe. Kommt doch mit ins Lager.

   W. (m)

Sali ...

Am besten gefallen hat mir der Zaubertrank. Wo gibt es das Rezept dafür? Schön war auch, dass wir alles selber machen konnten. Aber ich hätte gern noch mehr von den Römern erfahren, z.B. eine Geschichte.

   Mit vielen Grüssen

   A. (w)

Eine kurze Auswertung[5]

Erst einmal wurden am Text Codes entwickelt, welche jeweils am Rand der Auswertung erscheinen. Jeder Code wurde danach auf ein separates Blatt geschrieben (z.B. +Aktivitäten). Danach wurden der im Anhang wiedergegebene Auswertungstext ausgedruckt, die einzelnen Aussagen zum Code +Aktivitäten ausgeschnitten und auf das Codeblatt geklebt. So entstand folgendes Einzelblatt:

+Aktivitäten

- Ich war beim Schmuck (Z 4/5).
- Hier hat es Bücher, ihr könnt machen, zu was ihr Lust habt (Z 20/21).
- Was ich besonders toll finde, ist, dass ihr Specksteine mitgebracht habt (Z 32/33).
- Mir hat der Tag mit euch sehr gut gefallen, obwohl ich mit der Rüstung noch nicht ganz fertig bin (Z 44/45).
- Ich habe Schild, Hut, Säbel und Marschsandalen gebastelt.
- Der Zaubertrank hilft mir das ganze Jahr (Z 82/83).
- Kommt ihr wieder einmal und bringt einen Zaubertrank mit (Z 104/105).
- Wir hätten mit den Waffen einen Römerkampf machen sollen.
- Das Basteln hat mir gut gefallen (Z 112/113).
- Am besten gefallen hat mir der Zaubertrank (Z 138/139).
- Schön war auch, dass wir alles selber machen konnten (Z 141/142).

Für jeden einzelnen der Codes entstand in gleicher Weise ein Datenblatt, das der Auswertung zugrunde lag.

Erst einmal fällt auf, dass die meisten Schüler/innen explizit äusserten, der Nachmittag habe ihnen Spass gemacht: 11mal findet sich der Code «Spass» im Text. Bei den Anschluss-Aktivitäten («Anschluss») fordern neun der Schreiber/innen die Studierendengruppe auf, mit ihnen ins Lager zu kommen.

Dass die praktische Arbeit Anklang gefunden hat, darauf deuten auch die Aussagen von fünf Schülerinnen und Schülern, die gerne «beides» gemacht hätten. Die positiv bewerteten Aktivitäten finden sich auf dem oben abgedruckten Codeblatt «+Aktivitäten». Dies verdeutlicht, was aus der Perspektive der Schüler/innen im Mittelpunkt des Nachmittags gestanden hatte. Negativ bewertete Aktivitäten gab es nur ganz vereinzelte:

---

5 Die folgenden Überlegungen beziehen sich auf die im Anhang dieses Buches abgedruckte Codierung.

- Letzthin haben wir gelernt, wie und was die Römer assen und tranken, es war nicht sehr appetitlich.

Dagegen hätte man gerne noch mehr gemacht, wofür aber die Zeit fehlte (siehe auch Code «Zeit»):
- Ich hätte noch etwas bei den Rüstungen/Waffen machen möchten.
- Ich hätte gerne auch noch Schmuck gemacht.
- Warum habt ihr nicht auch noch eine Geschichte vorgelesen?
- Wir hätten mit den Waffen einen Römerkampf machen sollen.
- Aber ich hätte gern noch mehr von den Römern erfahren, z.B. eine Geschichte.

Die letzte Aussage (... «hätte gerne noch mehr von den Römern erfahren ...») deutet darauf hin, dass möglicherweise die Beziehung zur Kultur der Römer durch diesen Nachmittag nicht wesentlich vertieft wurde. Als Beleg dafür könnte man auch den von den Studierenden eingeführten «Zaubertrank» nehmen, der weniger der Römerkultur als dem Comic «Asterix und Obelix» zu entstammen scheint. Dazu gehört auch die Aussage eines Schülers, wonach die Esssitten der Römer wenig appetitlich waren.

Versucht man die Ergebnisse also auf eine zentrale Tendenz hin zu konzentrieren (axiales Codieren), so könnte man schliessen, dass es vor allem die ungewohnte Form des Unterrichts war, welche den Erfolg des Nachmittags bildete – nämlich, dass man den Geschichtsunterricht mit dem Basteln von Römerschmuck und -waffen verband. Problematisch scheint dagegen die Vertiefung in die Kultur der Römer, welche aufgrund eines solchen didaktischen Arrangements möglich ist.

Als zweite zentrale Tendenz könnte der häufig genannte Zeitmangel herausgestellt werden. So wurde von den Schüler/innen immer wieder betont, die Zeit sei für das Projekt zu kurz gewesen (6mal Code «Zeit»). Offensichtlich ist es kaum möglich, ein so anspruchsvolles animatorisches Projekt an einem einzigen Nachmittag durchzuführen. Auf der einen Seite war das Zeitbudget allein schon für die Bastelarbeit zu kurz bemessen – vor allem wenn man den Briefen entnimmt, dass manche Schüler/innen gerne in beiden angebotenen Bereichen etwas getan hätten. Mehr Zeit wäre aber auch notwendig gewesen, um die Römerkultur über die Bastelarbeit hinaus mehr ins Zentrum zu stellen – hier lassen sich denn auch die beiden zentralen Tendenzen miteinander verbinden.

Untersucht wurde auch noch die Variable Geschlecht: Dabei konnte allerdings kein geschlechterspezifischer Zusammenhang gefunden werden. So hätte man vermuten können, dass Mädchen eher Schmuck und Jungen eher Waffen bastelten. Dies liess sich aus dem Datenmaterial jedoch nicht erhärten.

5. Die Auswertung von Daten mit dem Computer

Wenn qualitative Daten ausgewertet werden, ist schon ein Textprogramm wie Word for Windows äusserst hilfreich bzw. in vielen Fällen fast unerlässlich. Einige Anwendungsmöglichkeiten sind:
- Hilfreich ist es, über die Suchfunktion rasch einzelne Begriffe aufzufinden, um damit verbundene Textpassagen zu kodieren.
- Die Zeilen im Text können automatisch nummeriert werden, was beim Wiederfinden von Textpassagen hilft.
- Textpassagen aus Interviews können direkt in den Auswertungsbericht hineinkopiert werden. Dies spart Zeit und verhindert Abschreibfehler.

Aber auch das Codieren kann mithilfe einer Textverarbeitung geschehen, was die Arbeit ein gutes Stück erleichtert.

Codieren mit Winword
Ein einfaches Verfahren, welches auf dem Codieren mit einer Textverarbeitung beruht, soll im Folgenden skizziert werden. Dabei geht es darum, Interviews mit Schülern und Schülerinnen zu codieren, die darüber sprechen, welche Medien sie nutzen. Beim Codieren gehen wir wie folgt vor:

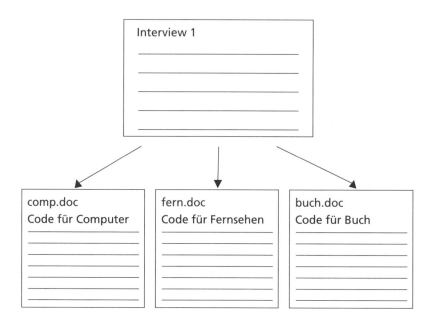

Für jeden Code, den wir definieren, eröffnen wir ein eigenes Dokument (z.B. «Computer.doc» für alle Textpassagen, wo es um die Nutzung des Computers geht.) Analog definieren wir eigene Dokumente für «Fernsehen», «Buch» etc. Wir gehen nun die einzelnen Interviews durch und vermerken am Rand die zugehörigen Codes. Dann kopieren die passenden Textpassagen über die Zwischenablage in die jeweiligen Dokumente[6]. Natürlich können wir jederzeit Dokumente für neue Codes eröffnen. Dadurch, dass wir die Dokumente unter ihrem Codenamen abspeichern, behalten wir über den Dateimanager auch jederzeit die Kontrolle über die Codes.[7]

Für die vertiefte Auswertung (Feststellung von zentralen Tendenzen und Spannweiten bzw. interner Kategorienvergleich) erhalten wir auf diese Weise Dokumente, welche alle relevanten Textausschnitte enthalten. Wir können dann die A4-Blätter mit den einzelnen Codes an einer grossen Pinn-Wand aufhängen und mit dem axialen Codieren beginnen: Welches sind die zentralen Codes? Gibt es Verbindungen zwischen Codes, die wir mit Pfeilen an der Pinnwand vermerken können? Auch Leim und Schere werden wir einsetzen, wenn wir plötzlich einen neuen Code entdecken, der Passagen umfasst, die bereits auf unterschiedlichen Blättern stehen.

Auswerten mit spezieller QDA-Software

Viel bequemer ist es allerdings, zur Auswertung Computerprogramme einzusetzen, die spezifisch für die Aufgabe der qualitativen Datenanalyse (QDA) entwickelt wurden. Dabei können selbstverständlich auch diese selbst keine Theorien generieren, und sie beruhen letztlich auf ähnlichen Konzepten wie die «einfache» Methode mit Winword. D.h. es handelt sich letztlich um eine Art von Datenbanken, die sich auf vielfältige Art und Weise durchsuchen lassen – und dies viel eleganter tun, wie es mit einer Textverarbeitung möglich ist.

So wird vieles automatisiert, was man mit der Textverarbeitung mühsam von Hand erledigen muss. Es gibt zusätzliche Möglichkeiten der Codierung und Textsuche sowie eine Vielzahl von Auswertungsprozeduren. Es können Memos als Kommentare zu den einzelnen Codes hinzugefügt werden etc. Insgesamt nehmen diese Programme dem/der Forschenden viele Routinearbeiten ab. So wird man bei der Arbeit am Text interaktiv am Bildschirm Codes entwickeln und diesen Textpassagen zuordnen, wenn man die zugrunde lie-

---

6 Haben wir die Zeilen jedes Interviews durchnummeriert, geben wir bei jeder Textpassage das jeweilige Interview mit den zugehörigen Zeilen an (z.B.: 1, 33–37). Damit können wir die codierten Textpassagen jederzeit wieder auffinden.

7 Gewiefte Computerspezialisten könnten das Codieren weiter über Makros vereinfachen, welche nach der Einfügung von Codierungen in den Texten wie z.B. (Schule) das Kopieren in die «Code-Dokumente» automatisch vornehmen. Weitere Möglichkeiten die Arbeit mit Word zu systematisieren beschreibt Nideröst (2002)

genden Rohtexte eingelesen hat. Dabei kann man bequem mit der Maus arbeiten, indem man die Textpassagen auf die zugehörigen Codes zieht, die man vorher in einem eigenen Codefenster definiert hat.

Professionelle Software für qualitative Datenanalyse sind Programme wie MAXqda oder ATLAS.ti, welche eine Fülle von Auswertungsmöglichkeiten und Funktionalitäten anbieten – bis hin, dass auch Bilder in die Auswertung einbezogen werden können. In diesem Buch zeigen wir die Prinzipien des Arbeitens mit QDA-Programmen an dem OpenSource Programm WEFT QDA, das kostenlos ist und speziell für Einsteiger konzipiert wurde. Dennoch reicht es für die grundlegenden Bedürfnisse der qualitativen Datenanalyse aus. WEFT QDA kann heruntergeladen werden von der Website: http://www.pressure.to/qda/

Um das Arbeiten mit WEFT QDA zu verdeutlichen, greifen wir auf den im Serviceteil dieses Buches abgedruckten Interviewausschnitt mit der Schülerin Romana zum Thema «Mediennutzung» zurück. Die Auswertung mit Hilfe von WEFT erfolgt in den nachstehenden Schritten:

1. Import der Interviews in das Programm Weft QDA

Das Interview muss erst einmal zum Import in WEFT QDA vorbereitet werden, indem es in eine .txt-Datei umgewandelt wird. Textverarbeitungen wie Word oder Open Office können die mit ihrer Hilfe erstellten Dokumente auf Knopfdruck unter diesem (einfachen) Textformat abspeichern. Der Import erfolgt unter dem Menüpunkt «Project» im Hauptfenster (import documents). Wie die untenstehende Grafik zeigt können auch mehrere Interviews importiert und dann als gemeinsames Projekt bearbeitet werden. Die Kategorien, welche in einem Interview entwickelt wurden, können dann auch in den übrigen weiterverwendet werden. (vgl. S. 163 ff.)

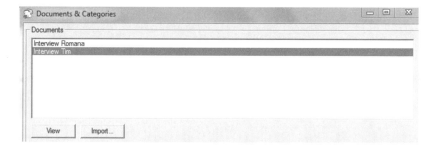

2. Bildung von Kategorien/ Codes

Man beginnt nun bestimmte Kategorien zu bilden, welche den Aussagen von Romana zugrunde liegen. Was sagt sie zum Fernsehen, zum Computer, zu den Social Media. Diese Begriffe nehmen wir als Kategorien auf, zu denen alle passenden Aussagen im Interview zuordnet werden. Im Programm gibt man dazu unter dem Menüpunkt «Project» mit «Add Category» z.B. die Kategorie Social Media ein und markiert alle Aussagen im Text, wo Social Media wie Facebook oder MSN angesprochen werden. Dieser Arbeitsschritt entspricht der im letzten Kapitel beschriebenen Kategorisierung (Codierung) der Daten bzw. der Arbeit an der formulierenden Interpretation:

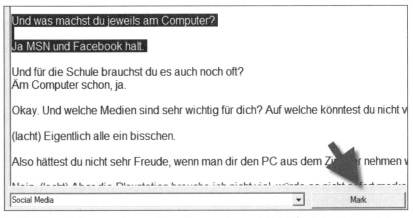

In gleicher Weise werden weitere Kategorien gebildet und der dazugehörigen Text markiert. Klickt man nun im Kategorienfenster (Fenster: Documents & Categories) z.B. auf die Kategorie «Computer», erhält man eine Zusammenstellung aller Aussagen zu dieser Kategorie.

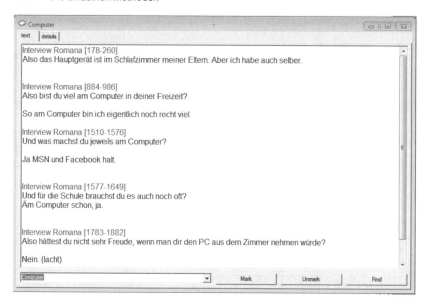

Dieser Zusammenstellung kann entnommen werden, dass für Romana der Computer ein sehr wichtiges Medium ist, das sie vor allem im Rahmen der Sozialen Medien (Facebook und MSN) nutzt. Dann aber braucht sie den Computer auch für die Schule, und sie könnte auf ihn nur schwerlich verzichten. Interview und Textstelle sind im Original in der Farbe Rot gekennzeichnet, damit man eine Aussage auch in einem längeren Interview schnell auffindet.

> Das auf der Homepage von WEFT ebenfalls zu findende Handbuch weist auf weitere Auswertungsmöglichkeiten hin – oder auf die Möglichkeit über ein Suchfenster Aussagen zu den Kategorien finden, was bei komplexen und langen Texten hilfreich sein kann.

3. Die Verdichtung und Reduktion der Daten

Aus den Kategorien, die wir bilden, können wir den Fall von Romana rekonstruieren. Dabei können wir im Kategorienfenster die einzelnen Kategorien mit Drag and Drop hierarchisch um- und anordnen. So ist die Kategorie «Social Media» eine Unterkategorie von «Computer» > «Internet». Die anhand unseres Beispiels gewonnenen Kategorien können wie folgt geordnet werden:

Aus den Aussagen zu den einzelnen Kategorien können wir den Fall von Romana verdichtend beschreiben. Wir erkennen, dass der Computer für sie das wichtigste Medium ist, dass sie zwar Fernsehen schaut, aber nicht so intensiv wie beim Computer engagiert ist. Auch Zeitschriften wie Bravo liest sie nur manchmal. Um das Medienverhalten von Romana zu illustrieren sollten auch wesentliche Aussagen wörtlich wiedergegeben werden – etwa wenn sie die Unsicherheit in Bezug auf Regeln thematisiert: «Also eigentlich haben wir die Regel, dass wir eine Stunde am Fernsehen und Computer sitzen dürfen. Aber (lacht) es wird nicht so eingehalten.»

> Tipp: Benötigt man Aussagen aus dem Interview für den Projektbericht, so können diese direkt aus dem Kategorienfenster kopiert werden.

4. Die reflektierende Interpretation

Hier gehen wir über die formulierende Beschreibung hinaus und versuchen unseren Fall Romana auf theoretische Bezüge und Überlegungen hin zu beziehen. Dazu ist die QDA-Analyse eine Grundlage, die man immer wieder zur Interpretation beizieht. So könnte man etwa darauf hinweisen, dass Romana ganz im Sinne der Resultate von Studien, welche Gamen eher den Jungs zuordnen, wenig Interesse daran hat. Hier könnte man als wörtliches Zitat übernehmen: «Aber die Playstation brauche ich nicht viel, würde es nicht sofort merken, wenn die weg wäre.» Allerdings scheint der Computer dennoch nicht mehr alleine eine männliche Domäne zu sein. Denn dies ist auch Romanas bevorzugtes Medium – allerdings vor allem in Bezug auf die Sozialen Medien wie Facebook und MSN. Dies entspricht jenen Theorien, welche die kommunikative Nutzung der Medien durch Mädchen in den Vordergrund stellen.

5. Fallübergreifende Interpretation

Ähnlich wie Romana können wir weitere Fälle (Interviews) auswerten – etwa jenen von Tim. Dabei werden wir die Kategorien von Romana auch auf die anderen Fälle anwenden. Dies hilft beim Vergleich der Fälle. Allerdings gewinnen wir an den weiteren Fällen auch neue Kategorien – wobei wir dann vielleicht auch nochmals auf Romana zurückkommen, indem wir fragen, ob da eine der bei Tim gewonnenen Kategorien auch vorkommt, und was diese für Romana bedeutet.

So nützlich Programme zur qualitativen Datenauswertung auch sind, sie haben auch Grenzen:
- Bei Häufigkeitsauswertungen zu den getroffenen Aussagen («Ein Drittel der Aussagen galten in diesem Interview dem Medium Computer») ist zu beachten, dass die Ergebnisse auch durch den Interviewer «verursacht» werden können – und dann lediglich künstlich produzierte Effekte darstellen. So könnten Forschende z.B. davon ausgehen, dass Jungen besonders viel von Computertechnik wissen, und bei diesen in den Interviews viel häufiger nachhaken als bei Mädchen. Wenn sie dann in der Auswertung zum Ergebnis kommen, dass Jungen viel häufiger und informierter technische Probleme ansprechen als Mädchen, handelt es sich in diesem Fall also lediglich um einen «hausgemachten Interviewer-Effekt». Denn sie selbst haben das Ergebnis durch die Art des Fragens provoziert.
- Bei «narrativen» Interviews, wo es vor allem um den prozesshaften Verlauf der Erzählung eines Probanden oder einer Probandin geht, spielt die Kategorisierung einzelner Textsegmente oft nur eine untergeordnete Rolle. Geht es etwa darum, wie spätere Elemente eines Gesprächs frühere aufnehmen und vereindeutigen, so kommt man nicht darum herum, die Dynamik eines Textes «von Hand» zu untersuchen (vgl. zu dieser Form der Analyse: Deppermann, 1999, S. 70 ff.). QDA-Programme sind dazu nur begrenzt nützlich.
- Etwas wenig hilfreich sind zudem die meisten Programme bei jenem Prozess der theoretischen Verknüpfung, der am Schluss der Auswertung steht. Das «axiale» Codieren versucht eigentlich nur, das Programm ATLAS.ti bis zu einem gewissen Grad abzubilden. Allerdings kann man für diesen Schritt auch MindMaps einsetzen, indem man den Schlüsselcode in die Mitte setzt und die weiteren Codes als Äste der MindMap darum herum setzt. Verbindungen zwischen einzelnen Codes können dann als Pfeile ausgezeichnet werden. Die Äste der MindMap bedeuten in diesem Fall, dass eine Beziehung besteht – und es ist möglich, die Art der Beziehung noch zusätzlich auszuzeichnen:

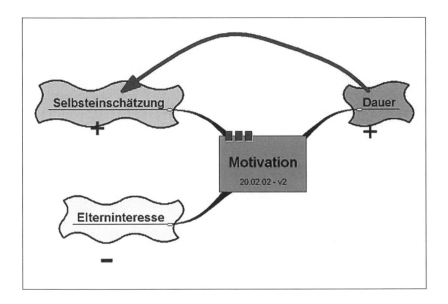

Das Beispiel stammt aus dem Verlauf einer Auswertung zur Computernutzung von Schülern und Schülerinnen und wurde mit dem Programm MindManager erstellt. Als zentrale Kategorie wurde die Motivation definiert. Positiv davon ab hängt die Dauer der Beschäftigung mit dem Computer. Ebenfalls positiv verbunden ist die Selbsteinschätzung, nicht aber das Elterninteresse. Gleichzeitig gehen wir aufgrund der codierten Textpassagen davon aus, dass die Dauer der Beschäftigung mit dem Computer eine direkte Beziehung zur Selbsteinschätzung hat. In analoger Weise werden im Verlauf der Auswertung weitere Kategorien in der MindMap eingetragen; es werden Äste umgehängt und vielleicht auch eine neue zentrale Kategorie ausprobiert, bis am Schluss als Ergebnis ein strukturiertes Netz von Beziehungen entsteht.

Allgemein ist zum Schluss nochmals zu unterstreichen, dass der Computer den Forschenden die Auswertung nicht abnimmt: Theorien und Konzepte entstehen nicht automatisch. Vielmehr erhält man Hilfestellungen über das systematische Codieren und Indexieren. Sobald ein Forschungsprojekt eine gewisse Komplexität (etwa ab sieben bis acht Interviews) erhält, ist der Einsatz eines QDA-Programmes wie empfehlenswert, wenn man den Überblick behalten will.

> *Tipp:* Es gibt eine ganze Reihe empfehlenswerter Programme zur qualitativen Datenanalyse wie das hier vorgestellte Programm WEFT QDA. Daneben sind z.B. MAXqda, ATLAS.ti, NVivo zu erwähnen. Beinahe alle sind nur auf Englisch erhältlich (auch wenn sie zum Teil in Deutschland entwickelt wurden). Eine Ausnahme ist MAXqda, das in einer deutschen Fassung und mit deutscher Anleitung und Tutorial erhältlich ist. Zu diesem Programm ist zudem eine gute Einführung als Buch erschienen (Kuckartz, 2007). Für den Einstieg ist dies ein nicht zu unterschätzender Vorteil.
> Die Links zu den hier besprochenen Programmen finden sich auf der Website zu diesem Buch. Meist kann von den jeweiligen Programmen eine Demo-Version zum Ausprobieren heruntergeladen werden.

6. Umfragen mit Online-Tools

Forschung bedeutete bis anhin, Fragebögen auf Papier zu erstellen und diese von Hand oder auf dem Postweg zu verteilen. Eine der ersten und mühsamsten Aufgaben ist es dann, die Fragebögen auszuwerten, indem man die Informationen auszählt und in eine Tabelle eingibt – was je nach Umfang eines Forschungsprojekts eine einfache Strichliste, eine Excel-Datei, eine Datei in SPSS oder einem anderen Statistikprogramm sein kann. So funktioniert auch die Auswertung in Epi Info, dem in diesem Buch dargestellten Statistikprogramm.

Seit einiger Zeit kann dieses Auswertungsprozedere stark vereinfacht werden, indem man einen Online-Dienst in Anspruch nimmt. Auf Websites wie www.zoomerang.com oder www.surveymonkey.com kann man Fragebögen online erstellen und dann per Mail die zu Befragenden zum Ausfüllen einladen, bzw. einen Link bereit stellen, auf welchem der Fragebogen am Bildschirm ausgefüllt werden kann. Die Fragebögen wirken professionell, und es gibt eine Vielzahl von Möglichkeiten, um unterschiedliche Fragetypen zu erstellen:

- Ja-/Nein-Fragen
- Fragen mit mehreren Antwortmöglichkeiten
- Fragen, bei denen nur eine Antwort angekreuzt werden kann
- Fragen, bei denen mehrere Antworten möglich sind
- offene Fragen etc.

Das folgende Beispiel zeigt an einem Ausschnitt, wie ein Fragebogen am Bildschirm aussieht, der mit Surveymonkey erstellt wurde:

```
Migration und Internet                                              Exit this survey >>
1. Fragen zur Migration

1. Mädchen oder Junge
   ○ Mädchen
   ○ Junge

2. Migranten nutzen MSN für die Kontaktaufrechterhaltung im Heimatland
   ○ stimmt ganz genau    ○ stimmt im Grossen und    ○ stimt eher nicht    ○ stimmt überhaupt nicht
                            Ganzen

3. Internetseiten in der Heimatsprache werden weniger bis gar nicht aufgerufen
   ○ stimmt                                    ○ stimmt nicht

4. Es gibt Unterschiede in der Nutzung zwischen Schweizer/innen und Migranten bei...
                    ausgeprägte Unterichede   mittlere Unterschiede   geringe Unterschiede   keine Unterschiede
   MSN                      ○                        ○                      ○                      ○
   Internetnutzung          ○                        ○                      ○                      ○
```

Die meisten dieser Programme sind in Englisch gehalten; aus diesem Grund kann man die auf diesen Websites bereit gestellten Vorlagen kaum übernehmen, sondern man muss einen neuen Fragebogen «from scratch» (also: von Anfang an neu) entwickeln. Dabei funktionieren auch die deutschen Umlaute – und wenn man Titel, Überleitungen und Antwortmöglichkeiten konsequent auf Deutsch eingibt, wird man dem Fragebogen den englischsprachigen Ursprung kaum mehr ansehen.

Zu berücksichtigen ist, dass alle diese Umfragetools von kommerziellen Firmen vertrieben werden und EUR 100 bis EUR 500 kosten. Zwar gibt es auch kostenlose Versionen, diese sind aber meist so stark eingeschränkt, dass man kaum sinnvoll damit arbeiten kann. Eine Ausnahme ist Surveymonkey, wo man in der kostenlosen Version pro Fragebogen über 10 Fragen und 100 Antworten verfügt (Stand: 2008). Dies reicht für kleine Evaluationen in einer Schulklasse sehr gut aus, zumal man mehrere Frage-Items zu einer einzigen Matrix-Frage bündeln kann. So gilt folgendes Beispiel als eine einzige Frage:

Wie häufig nutzt du				
	sehr häufig	häufig	selten	nie
Fernsehen				
Computer				
Radio				
Zeitungen				

Tipp: Wer ein kostenloses Programm sucht, das alle Möglichkeiten bietet, kann auf das Programm «Grafstat» (www.grafstat.de) zurückgreifen, das allerdings keine reine Webanwendung ist und deshalb im Umgang komplizierter ist.

Was das Attraktive an Online-Befragungen ist: Die Antworten der Befragten werden automatisch aufsummiert und erscheinen am Schluss in Balkendiagrammen, welche die Resultate bereits in Prozentzahlen aufschlüsseln. So erhält man sehr rasch und ohne mühsame Handarbeit einen Überblick über die Umfrageresultate. Bei einfachen Untersuchungen reichen die Prozentwerte meist auch schon aus; man kann sich die Daten aber auch in einer Datei ausgeben lassen, die mit einem Statistikprogramm weiterverarbeitet werden kann.

So nützlich solche Programme sind, muss allerdings Folgendes beachtet werden:

1. Für die Konzeption des Fragebogens sind nach wie vor die Autorinnen und Autoren zuständig. Das Online-Programm stellt lediglich die Datentypen zur Verfügung – ob die Fragen sinnvoll sind und nach den Regeln der Kunst formuliert wurden, liegt allein in der Hand der Forschenden.
2. Die Auswahl einer Stichprobe, die nicht von Anfang an verzerrt ist, kann bei Online-Forschungen zum Problem werden. Wenn man z.B. alle Bekannten einlädt, den Link zum Fragebogen zu benutzen, kann dies ebenso problematisch sein, wie wenn man in bestimmten Online-Foren bittet, diesem Link zu folgen und den Fragebogen auszufüllen. Denn mein Bekanntenkreis oder die Zugehörigkeit zu einem Forum kann bedeuten, dass damit eine hochselektive Gruppe ausgewählt wird, die wenig repräsentativ für die durchschnittliche Gesamtheit der Bevölkerung ist. Dies soll an einem Beispiel verdeutlicht werden:
Eine Gruppe von studentischen Forscherinnen und Forschern möchte die Häufigkeit der Internetnutzung bei Kindern und Jugendlichen untersuchen. Sie bittet die Schülerinnen und Schüler von mehreren Schulklassen, zuhause einen Fragebogen auszufüllen, und fügen einen Link mit der Adresse, die anzuklicken ist, bei. Problematisch an diesem Vorgehen ist, dass damit vor allem jene Schülerinnen und Schüler angesprochen sind, die zuhause über einen Computer verfügen, bzw. die sich gewöhnt sind, mit dem PC umzugehen. Es kann deshalb vermutet werden, dass die Nutzungszahlen am Schluss zu hoch sind – und es ist auch nicht zu erwarten, dass bei dieser Anlage des Forschungsprojekts jemand die Kategorie «nutze das Internet nie» anklickt. Denn wer den Fragebogen ausfüllt, befindet sich schon per definitionem auf dem Netz.
3. Wie das eben dargestellte Beispiel zeigt, eignen sich nicht alle Fragestellungen für eine Online-Befragung, und man sollte sich nicht unbesehen dafür entscheiden einzig deshalb, weil dies die Auswertung vereinfacht. Wer sich z.B. eine repräsentative Stichprobe von älteren Menschen be-

schaffen will, kann annehmen, dass man auf eine ganz spezielle Klientel von aktiven Seniorinnen und Senioren stösst, die mit Technik und PC problemlos und unbefangen umgeht. Auch wenn es bei der Befragung nicht direkt um das Verhältnis zur Technik und zu elektronischen Medien geht, ist zu vermuten, dass die Auswahlprozedur letztlich das Sampling und damit die Resultate beeinflusst. Auf jeden Fall müssen Zielsetzung und Methode der Untersuchung im Sinn des Gütekriteriums der Stimmigkeit sorgfältig geplant und aufeinander abgestimmt werden.

4. Da die Programme von der Auswertungsarbeit entlasten, besteht die Versuchung, wenig Rücksicht auf die Länge eines Fragebogens zu nehmen. Dagegen ist jedoch einzuwenden, dass es für die Antwortenden mühsam sein kann, sich am Bildschirm auf überlange Fragebögen zu konzentrieren. Das Ausfüllen eines Fragebogens sollte deshalb nicht mehr als 20 Minuten erfordern, und dabei kann es hilfreich sein, wenn er mit Zwischentiteln strukturiert ist, wie es viele dieser Programme erlauben.

7. Die Auswertung von visuellem Datenmaterial

«Bilder sagen mehr als Worte» ist ein Satz, der auch auf dem Hintergrund von Forschungsmethoden seine Bedeutung hat. Die Arbeit mit visuellen Anreizen ist zum Beispiel dort angezeigt, wo die Befragten über unterschiedliche bzw. ungenügende Sprachkompetenzen verfügen, um sich präzise und klar zu äussern. So drücken sich kleinere Kinder oft über eine Zeichnung souveräner aus, als wenn sie schriftlich oder mündlich antworten müssen. Dazu kommt, dass es nicht allen Menschen gleichermassen liegt, ihre Erfahrungen verbal zu formulieren; einigen fällt es leichter, sich über ein Foto auszudrücken. In manchen Situationen ist es auch generell schwierig, Erfahrungen und Gefühle zu verbalisieren. Halbbewusste oder unbewusste Impulse fliessen viel spontaner in visuelle Kreationen ein, die im Auswertungsprozess von den Forschenden entsprechend aufgenommen werden können.

Doch es gibt noch eine weit pragmatischere Begründung, warum die Bedeutung und das Interesse an der visuellen Forschung wächst: In einer mediatisierten Welt sind die stehenden und bewegten Bilder immer mehr ins Zentrum der Aufmerksamkeit gerückt. Informationen über die Gesellschaft und die Menschen, die darin leben, werden immer häufiger in visueller Form vermittelt. Auf diesem Hintergrund stellt sich die Frage, ob diese visuellen Datenmaterialien (Fotos, Filme etc.) nicht viel stärker für Forschungszwecke genutzt werden sollten. So betonen Pilarczik/Mietzner: «Das Visuelle in seinem permanenten Prozess der Veränderung zu erforschen, wird in einer Welt der Bilder, in der Kinder und Jugendliche über das Internet mit immer neuen

Fotografien versorgt werden und dort selber solche einspeisen, immer nötiger» (Pilarczik/Mietzner 2003, S. 34).

Dies betrifft einmal bereits vorhandenes visuelles Material, das in Forschungsprojekten ausgewertet werden kann (Postkarten, Zeitungsausschnitte als Ensemble von Bild und Text, Fotoalben von Familien, private Videos, YouTube Clips etc). Zum Zweiten versucht man aber auch, Forschungsprozesse generell statt an sprachlichen Texten an «visuellen Produktionen» zu orientieren:

- Man legt den Probanden Bilder vor, anstatt sie mündlich oder schriftlich zu befragen
- Man versucht, sie dazu zu animieren, Fotos oder Filme zu verwenden oder zu gestalten, die von den Forschenden ausgewertet werden
- Man lässt Kinder oder Jugendliche zu einem Thema zeichnen und wertet die Zeichnungen aus.

Allerdings hat der Umgang mit visuellem Material auch seine Tücken:
- Bilder erscheinen in Forschungsarbeiten oft als reine Illustrationen, die selbst keinen eigenständigen Wert haben. Wenn man z.B. unterschiedliche Familien erforscht, erscheint es attraktiv, diese auch im Forschungsbericht abzubilden; oder man illustriert bestimmte Verhaltensweisen anhand eines Videos. Mit dem eigentlichen Forschungsprozess hat dies jedoch wenig zu tun; die Bilder dienen lediglich dazu, bestimmte Resultate zu veranschaulichen.
- Bilder sind schwieriger zu anonymisieren als verbale Aussagen. Es kann – je nach Forschungsgegenstand und Akzeptanz bei den Abgebildeten – problematisch sein, das visuelle Material in Forschungsberichten zu präsentieren. Auf der anderen Seite bleibt es unbefriedigend, allein in Worten zu umschreiben, was man eigentlich als anschauliches Bild zu Verfügung hätte.
- Bilder verfügen über keine so eindeutige Grammatik wie die verbale Sprache und bleiben oft mehrdeutig. Das kann leicht zu Spekulationen verführen, welche durch den «Bildtext» nicht mehr abgedeckt sind. Kommt im Foto wirklich die «Identität» des fotografierenden Jugendlichen zum Ausdruck, oder ist dies lediglich die Unterstellung der interpretierenden Forscher und Forscherinnen?

Die Probleme des Interpretierens werden umso grösser, je weniger man den Kontext kennt, in dem ein Foto oder ein Video entstanden ist. Wenn man z.B. Fotos aus einem Familienalbum im Forschungsprozess beizieht, so empfiehlt es sich, ein Setting zu planen, in dem man im Rahmen eines qualitativen Interviews die Fotos mit Familienangehörigen durchgeht und sich über die darin gezeigten Personen, Konstellationen und Situationen informieren lässt. Und wo man Kinder Zeichnungen anfertigen liess, hilft es manchmal bereits, wenn sie in drei oder vier Sätzen ihre Zeichnung erläutern. Hilfreich kann zudem auch der serielle Charakter von Bilderfolgen sein – etwa wenn bestimmte Motive immer wieder auftauchen, sei es als kultureller Ausdruck einer Gruppe oder als spezifische Thematik eines Individuums.

Zusammenfassend ist festzuhalten, dass Bilder zwar den Betrachter oder die Betrachterin unmittelbar und emotional ansprechen; dennoch handelt es sich um komplexe (Bild-)Texte, die systematisch und methodisch gezielt zu analysieren sind. Auch hier gelten die Prinzipien einer abduktiven Spurensuche, mit welcher die «Rätsel» eines Bildes entschlüsselt werden sollen. Insbesondere sind dabei auch Gespräche über das Bild, die Zuordnung zu einem bestimmten Freundeskreis, das biografische Wissen von einer Person etc. in die Interpretationen einzubeziehen. Nicht zuletzt besteht der Schutz vor voreiligen Interpretationen darin, dass zwei oder drei Forschende das Material unabhängig voneinander analysieren und die Resultate im Rahmen der gegenseitigen Überprüfung miteinander abgleichen. Dies verhindert, dass spezifische Erfahrungs- und Erlebenskontexte der einzelnen Forschenden auf das visuelle Material übertragen werden und so die Interpretationen verzerren.

Versucht man diese Überlegungen auf das Modell eines Forschungsablaufs zu beziehen, so sind es drei wesentliche Ebenen, die im Forschungsprozess zu beachten sind:

1. *Die Repräsentationsebene,* welche die Elemente betrifft, die in einer Zeichnung oder auf einem Foto dargestellt sind (Personen, Gegenstände, Formen etc.). Wesentlich für die Analyse sind hier alle sichtbaren Bildelemente und Gestaltungsformen – Farben, das Verhältnis der einzelnen Elemente zueinander, die Aufteilung des Raumes und die Perspektive, unter der diese Elemente erscheinen.
2. *Die Ebene der Imagination,* also jener Vorstellungen und Fantasien, welche die Produzierenden (Zeichnenden, Filmenden, Fotografierenden etc.) mit dem eigenen Produkt verbinden. Sie können in manchen Aspekten aus dem Bildtext selbst herausgelesen werden, setzen aber meist die direkte Mitarbeit der Produzierenden – z.B. im Rahmen von Interviews – voraus. Imaginationen sind Antworten auf die Frage «Was ist an Gegenständen oder Personen unsichtbar in das Bild assoziiert, also nicht direkt abgebildet bzw. aufgezeichnet?» (vgl. dazu: Neuss 2005, S. 336 ff.)
3. *Die Ebene der Kontextualisierung* betrifft den Bezug zur Situation, in welcher ein Bild oder ein Film entstanden ist – welche Personen abgebildet sind, welches Ereignis dargestellt ist, was vorher und nachher geschah etc. Auf dieser Ebene wird zudem deutlich, wie ein Bildtext intertextuell mit

anderen Texten in Beziehung steht, etwa mit der Legende, die in einer Zeitung zu dem analysierten Bild hinzugefügt ist, mit den anderen Bildern einer Serie etc. Auch auf dieser Ebene braucht es Interpretationshilfen von aussen, die den Kontext erläutern – etwa Interviews mit den Fotografierenden, welche die Situation einer Aufnahme schildern und die beteiligten Personen benennen können.

Eine systematische Analyse von visuellem Datenmaterial wird sich auf alle drei dieser Analyseebenen einlassen und nicht allein Bilder immanent aus sich selbst erklären. Die Repräsentationsebene kann dabei den Rahmen darstellen, aus welchem sich die differenzierteren Analysen auf den nachfolgenden Ebenen ergeben.

Zur Verdeutlichung der Möglichkeiten visueller Forschung soll im Folgenden an einigen Beispielen dargestellt werden, wie ein solcher Forschungsprozess angelegt werden kann.

Erforschung von «Fremdmaterial»

Visuelle Bilder sind heute bereits millionenfach vorhanden, in Fotoalben und als Videokassetten von Privatpersonen, als Postkarten, Dokumentar- und Spielfilme, archivierte Fernsehsendungen etc. All dies kann Material für die Forschung darstellen. Biografische und historische Forschung können solche Archive nutzen, wobei es eben gerade nicht um deren rein illustrative Bedeutung geht.

Im Zusammenhang mit der Erforschung von Fremdmaterial interessiert meist nicht das einzelne Foto oder der einzelne Film, sondern es geht um Serien, wo immer wieder Ähnliches auftaucht; es geht um die Untersuchung bestimmter Gattungen wie Familienalben, Postkarten, Bilder in Illustrierten-Reportagen, Fernsehserien etc. Oft wird man erst einmal bestimmte Aspekte des Materials – z.B. eines Familienalbums – auszählen, um sich einen Überblick zu verschaffen (wie häufig erscheinen bestimmte Personen im Bild, welche typischen Szenen gibt es?). Man wird aber auch zeitliche Entwicklungen an den Bildern nachvollziehen können (Veränderungen der Lebensumstände, des Älterwerdens etc.).

Zeichnen

Wie in einem Projekt mit Zeichnungen gearbeitet wurde, demonstriert ein studentisches Projekt mit Jugendlichen, die gebeten wurden, ihr «Vorbild» zu zeichnen. Gleichzeitig sollten sie auf einem Beiblatt kurz beschreiben, wen sie gezeichnet hatten, und diese Person mit drei Eigenschaftswörtern charakterisieren. Dazu gehörten auch einige persönliche Angaben wie Alter und Geschlecht. Die Untersuchung wurde in drei Schulklassen durchgeführt.

In der Auswertung wurde ausgezählt, auf welche Art von Personen sich die Vorbilder bezogen – Verwandte und Bekannte, Vorbilder aus Politik, Kultur und Sport, Musikstars, Charaktere aus Fernsehserien etc. Daneben interessierte auch die Darstellung auf den einzelnen Bildern, etwa wie ein Vater, der in Fussballerpose gezeigt wurde, sich von Darstellungen unterschied, die einen Fussballstar als Vorbild zeigten.

Ähnlich wie in sprachbasierten Untersuchungen wurde anhand des Korpus von Zeichnungen ein Kategorienraster der Vorbilder entwickelt. Gleichzeitig wurden alle weiteren Auffälligkeiten in den einzelnen Bildern protokolliert, um daraus Analysefragen zu entwickeln, die dann systematisch auf alle Bilder angewandt wurden. Neben der Frage, «was» gezeichnet wurde, interessierte die Frage des «Wie» – etwa in welcher Pose oder aus welcher Perspektive ein Vorbild aus der eigenen Familie gezeichnet wurde.

Im Weiteren wäre es auch möglich, diese Zeichnungen als Anlass für Interviews mit den Zeichnenden zu nehmen, um Interpretationen zu überprüfen, Hintergründe noch genauer auszuleuchten, ungeklärte Aspekte aufzugreifen etc.

Foto-Tagebücher
Häufig wird mit Formen von Foto-Tagebüchern gearbeitet, indem die «Beforschten» den Auftrag erhalten, über einen bestimmten Zeitraum – z.B. während einer Woche – wichtige Ereignisse zu fotografieren. Das können z.B. Treffen mit Freundinnen und Freunden sein, die wichtigsten Ereignisse des Tages, die verschiedenen Orte, an denen man sich aufhält, die täglichen Freizeitaktivitäten etc. Zur Anlage solcher Projekte können die nachfolgenden Überlegungen hilfreich sein.
1. Technisch gibt es verschiedene Möglichkeiten zur Realisierung solcher Projekte:
   – So wurden in manchen Fällen kostengünstige Wegwerfkameras eingesetzt. Diese «vereinheitlichen» die Bedingungen, unter denen das Fotografieren stattfindet: Es sind alles die gleichen Apparate, und die Aufgabe ist durch die Anzahl der Bilder, welche die Kamera vorsieht, beschränkt. Die Technik ist sehr einfach zu handhaben; allerdings gibt es unter den relativ primitiven Aufnahmebedingungen auch mehr Ausschuss und fehlbelichtete Fotos.
   – Im Zeitalter der digitalen Fotografie, wo fast jeder Haushalt eine Kamera besitzt, kann man auch bitten, die eigene Kamera zu benutzen und die Bilder am Schluss den Forschenden als Datei (CD, USB-Stick) zu übergeben. Allerdings sind digitale Fotos meist weniger spontan: Die Fotografierenden können etwa Bilder verwerfen und löschen, mehrfach ansetzen, bis das Motiv stimmt. Zudem können die fotografischen

Möglichkeiten je nach Kameraausstattung (Zoom, Weitwinkelfunktion, Lichtstärke des Objektivs) unterschiedlich ausfallen. Eine effiziente Möglichkeit zum Umgang mit Digitalfotografie soll zum Schluss angegeben werden: So können die Dateien gleich bei der Übergabe der Bilder auf den Computer der Forschenden mit den Betroffenen «vor Ort» angeschaut und kommentiert werden.

- Früher waren auch Polaroid-Fotos eine gute Möglichkeit, Fotos zu schiessen und gleich anschliessend ein Interview dazu zu führen. So konnten die Forschenden mit den befragten Personen einen Ort besichtigen und wichtige Aspekte fotografisch festhalten. Jedes Bild wurde gleich nach seiner Fertigstellung gemeinsam angeschaut und von den Fotografierenden kommentiert, was wiederum auf Band festgehalten wurde. Heute braucht es für ein solches Forschungsarrangement keine Sofortbild-Kamera mehr, da es problemlos mit einer Digitalkamera zu realisieren ist.

2. Wie bereits mehrfach dargestellt, ist es im Allgemeinen sinnvoll, die Bilder von jenen erläutern zu lassen, die sie aufgenommen haben. Man kann allerdings einwenden, dass damit gerade die halb- und unbewussten Anteile, die in die fotografische Produktion einfliessen, verloren gehen. Denn letztlich ist auch der Kommentar der Fotografin oder des Fotografen bereits eine Reflexion des ursprünglichen Prozesses der Produktion, die als eine spezifische Lesart zu betrachten ist. Aus diesem Grund kann es hilfreich sein, wenn Forschende, die nicht direkt in Interviews mit den Fotografierenden einbezogen waren und die Lesart der Betroffenen nicht kennen, ebenfalls am Interpretationsprozess teilnehmen. Der Abgleich mit den Interpretationen der Beteiligten kann dann als eine spezifische Phase des Forschungsprozesses konzipiert werden.

Wie wichtig das Auskommentieren von Bildern ist, kann an einem Beispiel deutlich gemacht werden. So hatte ein 13-jähriges Mädchen sein Kinderzimmer fotografiert und vor allem das Fenster mit Vorhängen aufgenommen, die den Blick nach draussen verhüllten. Sehr schnell kamen Vermutungen der Interpreten auf, dass es sich um ein Einzelkind handle, das sich im Zimmer geborgen fühlt und die Notwendigkeit noch ablehnt, das Elternhaus langsam zu verlassen. Mehrere Bilder der Fotoserie schienen diese Interpretation zu stützen. Eine Befragung des Mädchens ergab allerdings eine ganz andere Sicht: Die Dreizehnjährige erzählte nämlich, dass sie vergessen habe, die Fotoserie termingerecht zu erledigen. Deshalb habe sie am Morgen des letzten Tages schnell einige Bilder von ihrem Zimmer geknipst, und da seien die Vorhänge noch zugezogen gewesen. Trotzdem kann man sich fragen, ob mit dieser Erklärung die ursprüngliche Interpretation schon gänzlich widerlegt ist.

Insgesamt gehört es zu den Regeln solcher visueller Forschungsprojekte, durch anschliessende Interviews mit den Fotografierenden mehr über den Kontext der Produktion eines Bildes zu erfahren. Häufig wird dabei so verfahren, dass die Fotografierenden gebeten werden, die fünf oder zehn wichtigsten Bilder aus einer Serie auszulesen und kurz zu kommentieren, weshalb diese für sie so zentral sind. Die Forschenden können im Rahmen eines solchen narrativen Interviews zurückfragen und weitere Anschlussfragen formulieren, die dann transkribiert und ausgewertet werden.

Videoprojekte
Videoprojekte sind meist grössere Arbeitsvorhaben, in denen es darum geht, zu einem bestimmten Thema einen Film zu drehen. Dabei werden oft medienpädagogische mit forschungsorientierten Gesichtspunkten verbunden: Einerseits lernen die Jugendlichen, wie man einen Film vom Drehbuch bis zum letzten Schnitt entwickelt; andererseits lassen sich an den in den Produkten realisierten thematischen Bezügen Antworten auf Forschungsfragen finden. Vom Typus der Forschung her handelt es bei solchen Vorhaben um Feld- und Aktionsforschung, wo die Jugendlichen aktiv als Mitagierende in den Forschungsprozess eingebunden sind und mit ihrem Film auch eigene Ziele realisieren.

Was den Forschungsprozess betrifft, so verbindet er in solchen Projekten zwei Aspekte miteinander:
- Einerseits geht es um die Begleitung des Produktionsprozesses, was z.B. über die Führung eines Forschungstagebuchs erreicht werden kann. Hier interessieren insbesondere auch die Diskussionen und Entscheidungsprozesse, welche bei der thematischen Realisierung der Filmproduktion stattfinden. Geht es z.B. um einen Film zu Migrationsproblemen, kann die Art und Weise, wie Migrantinnen und Migranten im Film dargestellt werden bzw. welche Entscheidungsprozesse das Filmteam dabei durchläuft, für die Forschendem von grösstem Interesse sein.
- Ein zentrales Objekt der Analyse wird dann der Film als Produkt der Arbeitsgruppen sein, wobei im Allgemeinen mehrere Filmteams parallel arbeiten, so dass
   – die verschiedenen Personen,
   – die unterschiedlichen Produktionsprozesse und
   – die daraus entstehenden Videos miteinander verglichen werden können.

Auch bei der Analyse der Videos kann man sich zu Beginn an die dargestellten Fakten halten (wie viele Personen es sind, welche Rollen sie ausüben, wie die Szenenabfolge charakterisiert werden kann etc.). Nach einer solchen

Grobauswertung kann man anlog zum Codierprozess der qualitativen Forschung Kategorien bilden und diesen Filmausschnitte zuordnen. Als eine sehr einfache Möglichkeit kann man mit der Szenenerkennung von Videoschnittprogrammen arbeiten – indem man die «Takes» als zu codierende Ausschnitte wählt und die darin enthaltenen Aussagen als Grundlage für die anschliessende Codierung transkribiert. Es gibt aber auch spezielle Programme wie Transana (www.transana.org) zur Analyse, welche die Datenanalyse von bewegten Bildern erleichtern.

Nachwort: SMARTe Methoden

Zentrum dieses Buches ist eine Einführung in Verfahren und Instrumente der Praxisforschung. Dabei beziehen wir uns auf methodische Elemente, die der sozialwissenschaftlichen Forschungsdiskussion entstammen. Allerdings handelt es sich nicht um eine Darstellung, die sich an rein pragmatischen Kriterien orientiert. Vielmehr versuchten wir ein Konzept zu begründen, wie wir es erstmals im Buch «Grundlagen der Praxisforschung» (Moser, 1995) beschrieben und hier weiterentwickelten.

Versucht man den Kern dieses Konzeptes zum Schluss nochmals auf eine Formel zu bringen, so lautet diese: Praxisforschung ist SMART. Damit sind fünf wesentliche Merkmale angesprochen, welche das hier entwickelte Forschungskonzept charakterisieren. Praxisforschung kann charakterisiert werden durch:

Schnelle und ökonomische Ergebnisse. Dies ist deshalb wichtig, weil eine an Praxisproblemen orientierte Forschung von der Komplexität ihrer Aufgabenstellung her zwischen Kosten und Nutzen eine Balance zu finden hat. Die Praxis kann nicht jahrelang warten, bis eine wissenschaftliche Studie – vielleicht – Aufschluss zu einer bestimmten Frage versprechen kann. Deshalb sind oft einfachere Methoden und Forschungsdesigns angebracht, welche dennoch einen optimalen Ertrag erbringen. Wenn etwa Auftraggeber eine Evaluation in Auftrag geben, welche nach einem halben Jahr schlüssige Resultate erbringen soll, so müssen Praxisforscher/innen dazu gangbare Wege finden, ohne dass dadurch die Qualität ihrer Arbeit nicht mehr gewährleistet ist.

Das kann zwar auch bedeuten, dass der Komplexitätsgrad einer Untersuchung reduziert werden muss, wenn das Ziel zu hoch gesteckt ist. Oder es ist den Forschenden vielleicht sogar anzuraten, einen Auftrag besser zurückzuweisen, wenn zum vornherein feststeht, dass er unrealistisch formuliert ist. Dennoch ist es grundsätzlich wichtig, dass sich Praxisforschung auf das Prinzip der Forschungsökonomie bezieht. Denn einfache Lösungen müssen nicht simpel sein. Sie können durchaus in einem Sinne kreativ und «elegant» sein, der sowohl theoretisch wie praktisch hohen Ansprüchen genügt.

Mehrperspektivische Zugriffe. Praxisforschung operiert sehr häufig mit einem Mix von mehreren Instrumenten, die sich gegenseitig ergänzen. Dies wurde in diesem Buch unter dem Stichwort der Triangulation ausführlich erörtert. Insbesondere kann dies auch bedeuten, quantitative und qualitative Verfahren miteinander zu verbinden, um einen Forschungsgegenstand auf die mit ihm verbundenen Deutungsmuster qualitativ auszuwerten und gleichzeitig die Häufigkeit der aufgedeckten Motive auch quantitativ zu beziffern.

Anschlussfähiges Wissen. Ziel der Praxisforschung ist es, Wissen zu generieren. Dabei kann sie je nach Verortung im Wissenschafts- oder Praxissystem primär auf die Generierung von Theorien oder von brauchbarem (Praxis-) Wissen hin orientiert sein.

Allerdings zeichnet es anspruchsvollere Arbeiten im Bereich der Praxisforschung aus, dass sie sich für Anschlüsse im benachbarten System offen halten. So werden brauchbarkeitsorientierte Evaluationsstudien bewusst auf einen theoretischen Ertrag ihrer Arbeit reflektieren und sich mit fachspezifischer Literatur aus der zugehörigen wissenschaftlichen Disziplin auseinander setzen. Umgekehrt versuchen auch Praxisstudien aus dem Umkreis der wissenschaftlichen Forschung ihre Ergebnisse in einer Sprache zu reformulieren, welche die Praxis veranlasst, daran anzuschliessen und sich Gedanken über mögliche Konsequenzen zu machen.

Robuste Methoden. Die in diesem Buch vorgeschlagenen Methoden haben sich bewährt und bilden so etwas wie ein Kerninstrumentarium für Praxisforscher/innen. Deshalb benützten wir auch das Bild des «Instrumentenkoffers», der im täglichen Feldeinsatz seine Alltagstauglichkeit beweist. «Robust» sind sie auch deshalb, weil sie bei sorgfältiger Anwendung mit einiger Wahrscheinlichkeit zu «vernünftigen» Ergebnissen führen.

Selbstverständlich gibt es eine grosse Anzahl weiterer Methoden, für welche auf die dazugehörige Spezialliteratur zu verweisen ist. Und es ist auch möglich, bestehende Methoden aufzunehmen und kreativ auf die eigene Forschungskonstellation hin weiterzuentwickeln.

Thick Description. Es ist das Ziel des Einsatzes von Forschungsmethoden, eine dichte Beschreibung des Forschungsgegenstandes zu erreichen. Dies erleichtert es, bedeutungsvolle Schlüsse zu ziehen und weiterführende theoretische Konstrukte zu entwickeln.

Die dabei leitende Forschungslogik versuchten wir unter dem Stichwort der «Abduktion» zu erläutern, welche die Tätigkeit der Forschenden angemessener beschreibt wie die traditionellen logischen Verfahren der Deduktion oder Induktion. Dabei verglichen wir die Forschenden mit dem Bild des Detektivs, der aus Anzeichen und Spuren die Lösung seines Falles zu entwickeln sucht – bis zu jenem Punkt, wo alle Teile zu seinem Puzzle passen. Die Quintessenz lautet dabei: Je dichter die Beschreibung ist, auf welche der/die Forschende zurückgreifen kann, desto eher ist er/sie in der Lage, sein/ihr Puzzle zu lösen bzw. gut abgestützte Schlüsse aus seinem/ihrem Datenmaterial zu ziehen.

Die Aussage, dass Praxisforschung SMART sei, bedeutet im Übrigen nicht, dass wir uns auf ein falsches Understatement zurückziehen. Vielmehr ist damit angedeutet, dass es sich um eine Forschung handelt, die Probleme mit einer ihr eigenen Eleganz und einem professionellen Selbstvertrauen handhabt. In diesem Sinne möchte das vorliegende Buch angehenden und fortgeschrittenen Praxisforscherinnen und -forschern Hinweise und Anleitung für ihre Tätigkeit geben.

Literatur

Abel, Jürgen/Möller, Renate/Treumann Klaus Peter. Einführung in die Empirische Pädagogik. Stuttgart 1998.

Altrichter, Herbert/Posch, Peter. Lehrerinnen und Lehrer erforschen ihren Unterricht. Unterrichtsentwicklung und Unterichtsevaluation durch Aktionsforschung. Stuttgart 2006 (4. überarbeitete Auflage).

Bachmair, Ben. Bedeutungskonstitution als kulturelle Aktivität der Rezipienten – Wie virtuelle Texte entstehen. In: Aufenanger, Stefan u.a. Jahrbuch Medienpädagogik 1. 2001, S. 319 ff.

Boehm, Ann E./Weinberg, Richard A. The Classroom Onserver. Developing Observation Skills in Early Childhood Settings. New York 1997.

Boelen, W.A.M, SCS. «Cornerville revisited» In: Journal of Conteporary Ethnography. 1992, S. 11 ff.

Bohnsack, Ralf. Rekonstruktive Sozialforschung, Opladen & Farmington Hill 2008

Cole, Patricia. Finding a Path Through the Research Maze. In: Qualitative Report l, 1994.

Cupckik, Gerald. Constructivist Realism: An Ontology That Encompasses Positivist and Constructivist Approaches to the Social Sciences. In: Forum Qualitative Sozialforschung, 1 (2001). Online auf: http://www.qualitative-research.net/fqs-texte/1-01/1-01cupchik-e.pdf

Denzin, Norman K. Interpretative Interactionism. Newbury Park 1989.

Deppermann, Arnulf. Gespräche analysieren. Opladen, 1999.

Dubs, Rolf. «Der Konstruktivismus im Unterricht» In: Schweizer Schule 6, 1997, S. 26 ff.

Erlandson, David A. u.a. Doing Naturalistic Inquiry. A Guide to Methods. Newbursy Park 1993.

Fettermann, David M. «Empowerment Evaluation. An Introduction to Theorie and Practice» In: Fettermann, David M. u.a. Empowerment Evaluation. Knowledge and Tools for Self-Assessment & Accountability. Thousand Oaks 1996, S. 3 ff.

Flick, Uwe. Qualitative Sozialforschung. Eine Einführung. Reinbek 2005.

Flick, Uwe. Das episodische Interview. In: Oelerich, Gertrud, Otto (Hrsg). Empirische Forschung und Soziale Arbeit. Wiesbaden 2011, S. 273–280

Friedrichs, Jürgen. Methoden empirischer Sozialforschung. Wiesbaden 1990 (14. Aufl.).

General Accounting Office. Case Study Evaluations. Washington (GAO) 1990.

Geertz Clifford. The Interpretation of Culture. New York 1973.

Girtler, Roland. Methoden der Feldforschung. Wien 2001.

Glaser, Barney G./Strauss, Anselm L. The Discovery of Grounded Theory. Chicago 1967.

Guba, Egon/Lincoln, Yvonna S. Competing Paradigma in Qualitative Research. In: Denzin Norman Lincoln Yvonna K. (Hrsg.) Handbook of Qualitative Research. Thousand Oaks 1994, S. 105 ff.

Herrmann, Joachim/Höfer, Christoph. Evaluation in der Schule – Unterrichtsevaluation. Gütersloh 1999.

Hug, Theo/Poscheschnik, Gerald. Empirisch forschen. Die Planung und Umsetzung von Projekten im Studium. Konstanz 2010

Huschke-Rhein, Rolf. Systempädagogische Wissenschafts- und Methodenlehre. Band 2: Qualitative Forschungsmethoden und Handlungsforschung, Köln 1987.

Kelle, Udo/Kluge Susanne. Vom Einzelfall zum Typus. Opladen 2008.

Kukartz, Udo. Einführung in die computergestützte Analyse qualitativer Daten. Wiesbaden 2007.

Lamnek, Siegfried. Qualitative Sozialforschung: Lehrbuch. München 2005.

Kuckartz, Udo u.a. Statistik. Eine verständliche Einführung. Wiesbaden 2010

Maykut, Pamela/Morehouse, Richard. Beginning Qualitative Research. A Philosophical Guide. London 1994.

Mayring, Philipp. Einführung in die qualitative Sozialforschung. Eine Anleitung zu qualitativem Denken. Weinheim/Basel 2002.

Merriam, Sharan B. Case Study Research in Education: A Qualitative Approach. San Francisco 1988.

Mikos, Lothar u.a. Im Auge der Kamera. Das Fernsehereignis Big Brother. Berlin 2000.

Moser, Heinz/Wettstein, Heinz. Der Subschulversuch an der DMS 2 in Muttenz – ein Evaluationsbericht. Basel 1996.

Moser, Heinz/Kern, Dominique. Evaluationsbericht DMS-3, zuhanden der Erziehungs- und Kulturdirektion des Kantons Basel-Landschaft. Zürich, Basel 1998.

Moser, Heinz. «Mit Computern in die Grundschule – ein Evaluationsbericht» In: Aufenanger, Stefan u.a. Jahrbuch Medienpädagogik 1. Opladen 2001, S. 235 ff.

Moser, Heinz. Selbstevaluation. Einführung für Schulen und andere soziale Institutionen. Zürich 1999.

Moser, Heinz. Grundlagen der Praxisforschung. Freiburg 1995.

Moser, Heinz. Überlegungen zum Konzept und zur Logik der Praxisforschung. Manuskript, Basel 1996.

Mruck Katja/Mey, Günter. «Qualitative Sozialforschung in Deutschland» In: Forum Qualitative Sozialforschung 1, 2000. Online auf: http://qualitative-research.net/fqs-texte/1-00/1-00mruckmey-d.htm

Neuss, Norbert. Kinderzeichnungen. In: Mikos, Lothar/Wegener, Claudia (Hrsg.). Qualitative Medienforschung. Ein Handbuch. Konstanz 2005, S. 333–342.

Niederöst, Bruno 2002. Die technikunterstützte Analyse von qualitativen Daten mit Word. In:

Forum: Qualitative Social Research vol. 3, no. 2. Online auf: http://www.qualitative-research.net/index.php/fqs/article/view/861

Oestreich, Markus/Rhomberg, Oliver. Keine Panik vor Statistik! Erfolg und Spass im Horrorfach nichttechnischer Studiengänge, Wiesbaden 2010

Patton Michael Q. How to Use Qualitative Methods in Evaluation. Newbury Park 1987.

Peckhaus, Volker. Abduktion und Heuristik. Online auf:
www.phil.uni-erlangen.de/~p1phil/personen/peckhaus/texte/abduktion.html

Pilarczik, Ulrike/Mietzner, Ulrike. Methoden der Fotografieanalyse. In: Ehrenspeck, Yvonne, Schäffer, Burkhard (Hrsg.). Film- und Fotoanalyse in der Erziehungswissenschaft. Ein Handbuch. Opladen 2003, S. 19–36

Rumsay, Deborah. Statistik für Dummies. Weinheim 2010

Saludadez, Jean A./Garcia, Primo G. Seeing Our Quantitative Counterparts: Construction of Qualitative Research in a Roundtable Discussion. In: Forum Qualitative Sozialforschung, 1(2001). Online auf:
www.qualitative-research.net/fqs-texte/1-01/1-01saludadezgarcia-e.pdf

Schlömerkemper, Jörg. Konzepte pädagogischer Forschung. Stuttgart 2010

Schön, Donald A. The Reflective Practitioner. London 1983.

Schwandt, Thomas A. Constructivist, Interpretivist Approaches to Human Inquiry. In: Denzin, Norman K., Lincoln, Yvonna (Hrsg.). Handbook of Qualitative Research. Thousand Oaks 1994, S. 118 ff.

Stake Robert E. The Art of Case Study Research. Thousand Oaks 1995.

Strauss, Anselm/Corbin, Juliet. Basics of Qualitative Research. Newbury Park 2008.

Wenzel, Ludwig. Selbstevaluation von Teamsitzungen in einem Stadtteilprojekt. In: Maja Heiner (Hrsg.). Selbstevaluation als Qualifizierung in der sozialen Arbeit. Freiburg 1994, S. 211 ff.

Whitehead, Jack. Creating a Living Educational Theoy from Questions of the Kind 'How Do I Improve My Practice'. In: Cambridge Journal of Education. 1989. Online publiziert auf: http://www2.bath.ac.uk/~edsajw/)

Whyte, William Foote. Die Street Corner Society. Die Sozialstruktur eines Italienerviertels. Berlin, New York 1996.

Whyte, William Foote. Qualitative Sociology and Deconstructionism. In: Qualitative Inquiry. 1996, S. 220 ff.

Williams Carol L. Creating Understanding That Cultivates Change. In: Qualitative Inquiry. 1996, S. 151 ff.

Serviceteil

1. Frageraster für die Forschungsplanung

1. Fragestellung
- 1.1 Wie lautet die Fragestellung Ihres Projekts?
- 1.2 Welche Hypothesen und Annahmen werden zugrunde gelegt?
- 1.3 Auf welche Quellen stützen sich diese (Fachliteratur)?
- 1.4 Handelt es sich um eine Praxisuntersuchung, eine Evaluationsstudie, ein Aktionsforschungsprojekt?

2. Methodenwahl
- 2.1 Welche Forschungsmethode(n) werden im Projekt benutzt?
- 2.2 Was zeichnet diese gegenüber anderen möglichen Methoden zur Erreichung des Zieles aus?
- 2.3 Werden mehrere Methoden benutzt, so ist zu fragen: Nach welchen Kriterien wird «trianguliert»? Gibt es eine Leitmethode?
- 2.4 Welche Arbeitsschritte sind nötig, wenn Sie diese Methode(n) anwenden?

3. Bestimmung der Untersuchungsgruppe
- 3.1 Welche Form des «Sampling» wird gewählt? Warum gerade diese?
- 3.2 Wie viele Personen werden in die Untersuchung einbezogen?
- 3.3 Wie gehen Sie vor, um die Mitarbeit dieser Personen zu erreichen?

4. Auswertung
- 4.1 Erfolgt eine quantitative und/oder eine qualitative Auswertung? Warum?
- 4.2 Wird ein Computerprogramm zur Auswertung beigezogen (warum ja/warum nein)?
- 4.3 Welche Auswertungsschritte werden im Einzelnen vorgenommen?
- 4.4 Wie weit können sie den Gütekriterien der Forschung entsprechen?
- 4.5 Werden Sie eine Phase des «Member Checkings» in Ihr Projekt einbeziehen? Was spricht dafür, was dagegen? Nehmen Sie im Weiteren eine Terminplanung für Ihr Projekt vor? Bis wann müssen welche Vorgänge erledigt sein, damit sie im Rahmen der zeitlichen Vorgaben für Ihr Projekt bleiben?

2. Webangebote zu diesem Buch
www.lambertus.de (unter *Zusatzmaterialien* beim Titel)

Sie finden dort die Adressen der in diesem Buch genannten Programme zur Datenanalyse und einige ausgewählte Links zu Texten der Praxisforschung. Der Autor entschied sich zu diesem Verfahren, weil Hinweise auf Internet-Seiten, die in einem Buch abgedruckt werden, meist nach wenigen Monaten nicht mehr aufzufinden sind.

Wir werden uns bemühen, die Links auch bei Veränderungen in der Adressierung aufrechtzuerhalten. Allerdings bitten wir Sie, liebe Leserinnen und Leser, uns zu avisieren, wenn Sie einen Link nicht mehr aufzufinden vermögen. Dann können wir umso schneller eine Korrektur anbringen.

Die Praxisforschungsseite im Netz verweist u.a. auf:

Programme
- EpiData. Dieses Programm ist ein Freeware-Programm, das die Entwicklung von Fragebögen und deren statistische Auswertung im Rahmen der quantitativen Forschung ermöglich. Hilfreich ist die ausführliche Anleitung. Es gibt neuerdings auch ein ähnliches Online-Angebot (OpenEpi), das von der Bill and Melinda Gates Foundation unterstützt wird.
- WinSTAT 2001 (Demo-Version) ; ein Statistikprogramm auf der Basis von Microsoft Excel
- FreeMind ist ein kostenlose MindMap Software
- MAXqda (Demo-Version), ein Programm zur qualitativen Datenanalyse
- Grafstat ist ein kostenloses Programm von Fragebögen. Damit können Umfragen Online durchgeführt werden.
- WEFT QDA, das im Text beschriebene kostenlose Programm zur qualitativen Datenanalyse

Texte
- Diefenbacher Hans, Franz, Andreas. Einfach Lernen! Statistik. Heidelberg 2006. Das Buch kann kostenlos im Netz heruntergeladen werden.

Arbeitsblätter
- Angebot an Arbeitsblättern zu elf Themen des Buchs

3. Didaktische Vorschläge für Lehrende

Dieses Buch ist als eine Einführung in Methoden der Praxisforschung im Selbststudium und an Hochschulen gedacht. Sie versucht Studierenden auf

einer elementaren Ebene Grundkenntnisse und Instrumente zu vermitteln, um erste Forschungserfahrungen vorzubereiten. Dieser Zielsetzung gemäss beschränken sich die Ausführungen auf Fragestellungen wie:
- Formen von Praxisforschung
- Erste Überlegungen zur Forschungslogik
- Forscher/innenrolle
- Gütekriterien
- Übersicht über eine beschränkte Anzahl von Forschungsmethoden
- Quantitative und qualitative Auswertungsverfahren
- Grundprinzipien von QDA-Programmen (qualitative Datenanalyse).

Theoretisch und konzeptuell beziehe ich mich im Wesentlichen auf mein Buch «Grundlagen der Praxisforschung» (Freiburg 1995), welches eine vertiefte Darstellung dieser Inhalte gibt. Entstanden ist der «Instrumentenkoffer» im Rahmen von Einführungsveranstaltungen der damaligen HFS Basel und der Evangelischen Fachhochschule in Darmstadt (Aufbaustudium). Im Weiteren gingen viele Forschungserfahrungen aus Projekten innerhalb des Pestalozzianums bzw. der Pädagogischen Hochschule Zürich in das Buch ein.

Studierenden soll mit diesem Buch eine Anleitung in die Hand gegeben werden, um einfache Forschungsprozesse durchführen und reflektieren zu können. In diesem Sinne habe ich als Autor diesen Text immer wieder selbst bei der Vorbereitung und nachträglichen Verarbeitung von Projekterfahrungen benutzt.

Direkte Anwendungsformen können etwa sein:
- Forschungsstudien aus der Literatur in den Bereichen Aktionsforschung, Evaluation und Praxisuntersuchungen werden auf den dabei gewählten Forschungsansatz, die Präzision der Begriffe und die Schlüssigkeit der Beweisführung hin diskutiert.
- Die im Buch dargestellten Forschungsansätze werden auf Vor- und Nachteile hin diskutiert.
- Anhand des Überblicks über die Forschungsmethoden wählen die Studierenden die für ihr Projekt geeigneten Methoden aus und diskutieren ihre Wahl.
- Die Studierenden überlegen, welche Anforderungen sie zu erfüllen haben, wenn das Gütekriterium «gut» realisiert werden soll.
- Die Studierenden beurteilen eine wissenschaftliche Studie, die in einer Zeitschrift abgedruckt ist, auf die Gütekriterien hin.
- Die Studierenden erarbeiten nach den im Buch dargestellten Stichpunkten eine Projektskizze und überlegen, wie gut diese die Gütekriterien der Forschung erfüllt.

- Die Studierenden übernehmen eine einfache Beobachtungsaufgabe und berechnen die Übereinstimmung.
- Die abgedruckten Schülerfeedbacks zum Projekt «Römer» werden nach den Prinzipien der qualitativen Auswertungen bearbeitet und am Schluss mit den im Anhang abgedruckten Resultaten verglichen.
- Anhand des Textes werden Anforderungen an eine systematische Auswertung von Daten in der qualitativen Forschung erarbeitet.
- Die Studierenden diskutieren, welche Forscher/innenrolle(n) sie in ihrem Projekt eingenommen haben und welches die Stärken und Schwächen der einzelnen Rollen sind.
- Die Forschungsberichte werden daraufhin beurteilt, in welchem Ausmass die im Text beschriebenen Gütekriterien realisiert werden konnten.

4. Auswertung der Evaluation «Römerprojekt»

Lieber ...
Am Donnerstag fand ich es sehr toll. Ich freute mich, dass ihr gekommen seid. Ich war beim Schmuck.
Was ich nicht so toll fand:
Ich hätte noch etwas bei den Rüstungen/Waffen machen wollen.
Aber dafür war die Zeit zu kurz. Es würde mich sehr freuen, wenn wir an einem anderen Tag weiter machen würden. Kommt ihr mit ins Lager? Das wäre toll.
   S. (m)

Spass
+ Aktivität
Kritik
/ Aktivität
Zeit

Sali...
Mit hat der Donnerstag sehr gut gefallen. Was ich sehr gut von euch gefunden habe, ist, dass ihr gesagt habt: «Hier hat es Bücher, ihr könnt machen, zu was ihr Lust habt.» Was ich nicht so toll gefunden habe, ist, dass man nicht beides machen konnte. Kommt bitte, bitte mit uns ins Lager.
   Viele liebe Grüsse S. (m)

Spass
+ Aktivität
Kritik
Anschluss

Hallo
Zuerst einmal vielen Dank, dass ihr gekommen seid. Ich fand es sehr toll! Schade finde ich, dass ich nicht beides machen konnte. Was ich besonders toll finde, ist, dass ihr Specksteine mitgebracht habt. Ich habe noch nie einen Speckstein bearbeitet. Ich und ein paar andere aus meiner Klasse würden es ganz toll finden, wenn ihr in unser Schullager mitkommen würdet.
   B. (w)

Spass
Kritik
+ Aktivität
Anschluss

Hallo zusammen
Mir hat der Tag mit euch sehr gut gefallen, obwohl ich mit der Rüstung noch nicht ganz fertig bin. Ich hoffe, dass wir noch weitermachen können, damit ich die Rüstung komplett machen kann. Ich freue mich auf das Ende des Themas, weil unsere Klasse dann ein Römerfest veranstaltet. Viele liebe Grüsse
   D. (m)

Spass
+ Aktivität
Anschluss

Liebe ...
Es hat mit am Donnerstag sehr gefallen. Leider war die Zeit ein *Spass*
bisschen kurz. Ich hoffe, ihr kommt ins Lager mit. *Zeit*
   H. (m) *Anschluss*

Liebe ...
Ich habe diesen Donnerstag ganz toll gefunden, aber ich hätte *Spass*
gerne noch länger gearbeitet. Das Thema Römer werden wir mit *Kritik*
einem kleinen Römerfest abschliessen. Ich freue mich jetzt schon *Zeit*
darauf. Im Juni gehen wir mit der Klasse in ein Klassenlager nach *Anschluss*
Oltingen (BL). Ich würde mich sehr, sehr freuen, wenn ihr ins Klassenlager mitkommen könntet! Letzthin haben wir gelernt, wie
und was die Römer assen und tranken, es war nicht sehr appetit- *Anschluss*
lich.
   Viele liebe Grüsse C. (w)

Liebe ...
Ich danke Euch für den Donnerstag. Es hat mir sehr gut gefallen. *Spass*
Ich hätte bis 16.30 Uhr arbeiten (basteln) können. Wenn ihr Lust *Zeit*
habt, mit ins Lager zu kommen, seid ihr herzlich eingeladen. Ich *Anschluss*
habe Schild, Hut, Säbel und Marschsandalen gebastelt. Andrea,
ich danke dir, dass du mir bei den Marschsandalen und sonst noch *+ Aktivität*
geholfen hast. Magali und Markus, der Zaubertrank hilft mir das *Spass*
ganze Jahr. Es hat mir Spass gemacht.
   Viele Grüsse J. (w)

Sali
Gut gefallen hat mir, einmal etwas ganz anderes zu tun. Toll wäre *Spass*
es auch, wenn ihr ins Lager kommen würdet. Ich hätte gerne *Anschluss*
auch noch Schmuck gemacht. *! Aktivität*
   B (w).

Liebe ...
Schade war nur, dass wir zu wenig Zeit hatten. Sonst hat es mir *Zeit*
gefallen. Warum habt ihr aber nicht auch noch eine Geschichte *Spass*
vorgelesen? Kommt ihr wieder einmal und bringt einen Zauber- *! Aktivität*
   + Aktivität

trank mit? Vielleicht wird das ja schon im Lager möglich. Ihr kommt doch.
   K. (m)

Sali mitenand
Der Nachmittag war zu kurz. Wir hätten mit den Waffen einen Römerkampf machen sollen. Doch es gibt noch ein Römerfest. Da nehmen wird die Waffen sicher mit. Sonst war alles ganz cool.
   M. (m)

Zeit
+ Aktivität
! Aktivität
Anschluss
Spass

Hoi zäme
Das Basteln hat mir gut gefallen. Aber ich hätte gerne beides gemacht. Könnt ihr nochmals vorbeikommen. Dann könnten wir das nachholen.
   Grüessli N. (w)

+ Aktivität
Kritik
Anschluss

Hallo
Kommt ihr wieder einmal? Ich war bei den Waffen. Bin aber nicht ganz fertig geworden. Aber ich mache jetzt zu Hause Waffen. Dort machen wir dann vielleicht Römerkämpfe. Kommt doch mit ins Lager.
   W. (m)

Anschluss
+ Aktivität
Zeit
Anschluss

Sali
... Am besten gefallen hat mir der Zaubertrank. Wo gibt es das Rezept dafür? Schön war auch, dass wir alles selber machen konnten. Aber ich hätte gern noch mehr von den Römern erfahren, z.B. eine Geschichte.
   Mit vielen Grüssen A. (w)

+ Aktivität
+ Aktivität
! Aktivität

Spass	=	War toll, hat mir gefallen
+ Aktivitäten	=	positiv bewertete Aktivitäten
− Aktivitäten	=	negativ bewertete Aktivitäten
! Aktivitäten	=	was man auch noch gerne getan hätte
Anschluss	=	Was mit dem Thema weiter geschieht/ geschehen sollte
Kritik	=	kritische Bemerkungen

5. Ein Beispiel zum Qualitativen Interview

Die Studentin Tanja führt ein Interview zur Mediennutzung von Romana:

Mhm. Und Internet hast du auch selber in deinem Zimmer für dich?

Also das Hauptgerät ist im Schlafzimmer meiner Eltern. Aber ich habe auch selber.

Aha, dann kannst du über Wireless zugreifen?

Ja genau.

Und hast du auch einen Mp3-Player oder CD-Player?

Also ja, CD-Player habe ich und ja (lacht) Mp3-Player muss ich einen neuen kaufen. Er geht nicht mehr so gut.

Also hast du demnach mal einen gehabt?

Ja.

Und hast du eine Stereoanlage zu Hause im Zimmer? Oder wie hörst du Musik im Zimmer?

Also Radio- und CD-Player, alles in einem. Also so eine Stereoanlage.

Und eine Spielkonsole hast du auch?

Also wir haben eine Playstation.

Und dies dann wahrscheinlich in der Familie und nur eine oder?

Ja.

Und all diese Medien, brauchst du die oft in deiner Freizeit? Also bist du viel am Computer in deiner Freizeit?

So am Computer bin ich eigentlich noch recht viel. Und ansonsten höre ich noch oft Radio. Aber ja Fernsehen halt ab und zu mal, wenn gerade etwas Spannendes kommt. Und Playstation eigentlich selten.

Und wie steht es mit Facebook?

Das ist das Wichtigste und läuft so nebenbei. Ich schau dann immer wieder drauf, ob sich da was tut.

Und Fernsehen, wenn du nach Hause kommst und nicht weißt was machen, oder schaust du gezielt eine Sendung?

Also es ist beides, wenn mir gerade langweilig ist, schaue ich was kommt und sonst wenn ich wirklich weiss, was ich schauen möchte.

Und was machst du jeweils am Computer?

Ja MSN und Facebook halt.

Und für die Schule brauchst du es auch noch oft?

Äm Computer schon, ja.

Okay. Und welche Medien sind sehr wichtig für dich? Auf welche könntest du nicht verzichten?

(lacht) Eigentlich alle ein bisschen.

Also hättest du nicht sehr Freude, wenn man dir den PC aus dem Zimmer nehmen würde?

Nein. (lacht) Aber die Playstation brauche ich nicht viel, würde es nicht sofort merken, wenn die weg wäre.

Und gibt es auch Heftchen die du regelmässig liest? So Bravo oder Girl oder was es alles gibt.

Ja manchmal, ab und zu mal ein bisschen.

Aber abonniert hast du keines?

Ähm nein.

Und wenn du diese Heftchen anschaust, gibt es gewisse Stars die du mega cool findest?

(lacht) Nein eigentlich nicht.

Oder irgendeine Gruppe für die du fanst?

Äm nein, ich höre eigentlich alles so Musik halt.

Und habt ihr Regeln zu Hause. Also wie viel fernsehen du darfst oder wie viele Stunden.

Also eigentlich haben wir die Regel, dass wir eine Stunde am Fernsehen und Computer sitzen dürfen.
Aber (lacht) es wird nicht so eingehalten.

Also sind die Eltern nicht so streng oder ihr geht trotzdem einfach mehr an den PC?

Also die Eltern sind gar nicht so streng

Nützt ihr es demnach auch nicht so aus?

(lacht verlegen)

**(lacht) ihr seid wohl geschickt.
Und beim Fernsehen habt ihr auch solche Regeln?**

Das gehört auch zu dieser Stunde.

Aha. Also eine Stunde pro Tag?

Ja, aber wenn wir eine Sendung schauen geht es eigentlich immer länger.

Oder wenn du einen Film schaust natürlich auch.

Ja.

Demzufolge sind sie dort nicht so streng.

Mhm.

Der Autor

Heinz Moser, Prof. Dr., ist Honorarprofessor an der Universität Kassel und Dozent für Medienpädagogik an der Pädagogischen Hochschule Zürich. Als Summe seiner theoretischen und praktischen Erfahrungen im Forschungsbereich entwickelte er den Ansatz der Praxisforschung, zu dem er sein bewährtes Lehrbuch hier in einer ergänzten Neuauflage vorlegt.
heinz.moser@phzh.ch

Skills | Methoden und Konzepte der Sozialen Arbeit in verschiedenen Arbeitsfeldern

Die Lernbücher unserer neuen Buchreihe Skills richten sich an Studierende und Praktiker. Auf der Basis von Fallbeschreibungen werden von den Autoren das methodische Vorgehen und Bearbeitungsvorschläge für eben dieses spezifische Arbeitsfeld dargestellt.

Sigmund Gastiger,
Hans Joachim Abstein (Hg.)

Methoden der Sozialarbeit in unterschiedlichen Arbeitsfeldern der Suchthilfe

2011, 108 Seiten, kartoniert
€ 15,00/SFr 21,90
ISBN 978-3-7841-2071-3

Sigmund Gastiger, Marius Stark (Hg.)

Schuldnerberatung – eine ganzheitliche Aufgabe für methodische Sozialarbeit

2011, 120 Seiten, kartoniert
€ 16,00/SFr 23,50
ISBN 978-3-7841-2072-0

Sigmund Gastiger,
Cornelia Kricheldorff (Hg.)

Soziale Arbeit

- in gerontologischen Arbeitsfeldern
- mit Kindern in prekären Lebenslagen

2011, 68 Seiten, kartoniert
€ 12,90/SFr 18,90
ISBN 978-3-7841-2030-0

www.lambertus.de

LAMBERTUS

SOZIAL | RECHT | CARITAS

Der Klassiker in der 5. Auflage

Ernst Engelke,
Stefan Borrmann,
Christian Spatscheck

Theorien der Sozialen Arbeit
Eine Einführung

5., überarbeitete und
erweiterte Auflage
2009, 530 Seiten, gebunden
€ 26,50/SFr 36,90
ISBN 978-3-7841-1933-5

Die Kenntnis und Reflexion von Theorien Sozialer Arbeit bilden eine unverzichtbare Grundlage für eine fundierte und wirkungsvolle Soziale Arbeit. Diese verfügt über eine Vielzahl verschiedener und differenzierter Theorien.
Die Neubearbeitung dieser Einführung in Theorien der Sozialen Arbeit durch Ernst Engelke, Stefan Borrmann und Christian Spatscheck beinhaltet eine umfassende Auswahl relevanter Autorinnen und Autoren aus Vergangenheit und Gegenwart. Literaturempfehlungen bieten Anknüpfungspunkte zum vertiefenden Studium.

www.lambertus.de